Anonymous

Über Kaiser Karl den Vierten als Schriftsteller

Anonymous

Über Kaiser Karl den Vierten als Schriftsteller

ISBN/EAN: 9783744609920

Hergestellt in Europa, USA, Kanada, Australien, Japan

Cover: Foto ©ninafisch / pixelio.de

Weitere Bücher finden Sie auf **www.hansebooks.com**

Ueber Kaiser Karl IV. als Schriftsteller.

Betrachten wir die historische Literatur des deutschen Volkes, so hat dieselbe, gleich aller Literatur, seit ihrem ersten Ursprunge drei Zeiträume der Entwickelung durchwandert, welche im Allgemeinen folgenden Charakter tragen.

Die Literatur — allgemein betrachtet — wird im Anfange rein **objectiv** sein, nur eine einfache Verarbeitung der gegebenen Materie. Die Form wird dieser entsprechen. Sie wird mangelhaft, unkünstlerisch, gleichsam nur durch Zufall, ohne Bewusstsein des Darstellenden entstanden scheinen.

Bei erweiterter Ausdehnung des Bildungsganges wird sich **Subjektives** einmischen: das lyrische Element wird vorherrschender werden in der Poesie, die persönliche Theilnahme, das individuelle Urtheil, das Subjekt in der Prosa. — In Bezug auf die Form wird sich hier ein Streben bemerklich machen, künstlerisch zu schreiben: aber die Materie wird den Schriftsteller noch beengen, und dessen lebhaftes Verlangen sich der Materie zu bemeistern, vom objectiven Standpunkt aus betrachtet, immer noch mehr oder weniger unfruchtbar, mehr oder weniger misslungen hervortreten lassen.

Je höher aber die allgemeine Entwickelung emporblühen wird; je mehr durch fortgesetzte Thätigkeit der Geister der Gesichtskreis über das Dargestellte und der Standpunkt für das Darzustellende sich erweitern wird: um so mehr werden sich beide — der objektive und subjektive Standpunkt — näher rücken, mit einander versöhnen, endlich zu einem schönen Ganzen verschmelzen.

Auf dieser Verschmelzung der beiden Gegensätze beruht auch die Veredelung der Form. Denn hier erscheint der berufene Schriftsteller als eine höhere Einheit über den beiden niederen Einheiten — Materie und Form. — Sein Standpunkt wird wieder objektiv, doch so dass er sich dieser Objektivität bewusst ist; er erhebt sich über die Materie, durch Sichtung und Scheidung des Vereinbaren und Unvereinbaren; durch logische Folgerung und systematische Combinirung des gegebenen Stoffes, und nur aus der Auffassung des Ganzen, aus der Art und Durchführung der leitenden Principien darf des Schriftstellers Individualität hervortreten. Die Form findet sich unwillkürlich in einem solchen Werke; je nachdem es der Inhalt, die Materie erheischt, wird die Form mehr oder weniger sich derselben anschmiegen.

Wir haben bei dieser Periodeneintheilung das Wort: „Literatur" in dem Sinne gebraucht, dass es nicht alle und jede Erzeugnisse der Schriftsteller umfasst, sondern nur diejenigen, in denen für die allgemeine Entwickelung des menschlichen Geistes und der betreffenden Wissenschaft ein organischer Fortschritt zu erkennen ist, und daher wird sich diese allgemeine Schematisirung immer nur auf die Hauptvertreter der jedesmaligen Periode anwenden lassen.

In Bezug auf Einzelne sind die drei Perioden sogar gleichzeitig und werden stets gleichzeitig sein, weil es immer Schriftsteller geben wird, deren Vorstellungskreis und Darstellungsfähigkeit sehr gering ist; mehrere, und zwar die meisten, werden die zweite Periode in ihren Produkten nicht überschreiten; wenige, jedoch die besten werden sich allein auf den Standpunkt erheben, dessen wesentliche Vollkommenheit wir annähernd zu charakterisiren versuchten, und dadurch sich und ihrer Zeit, deren geistige Träger sie sind, das schönste Denkmal der Unsterblichkeit erringen.

Gehen wir nun von dieser allgemeinen Betrachtung der Literatur, zur Betrachtung der Geschichtsliteratur, und zwar der Geschichtsliteratur des deutschen Volkes über (— hierzu müssen wir auch die von Deutschen lateinisch geschriebenen Geschichtsdenkmäler zählen —), so finden wir ebenfalls dieselben drei Zeiträume.

Die Zeit der unbewussten Objektivität der Schriftsteller, von den ersten Spuren der deutschen Geschichtsliteratur, den fränkischen Klosterannalen bis auf Paul Warnefried und Karl's des Grossen Lebensbeschreiber, Eginhard.

In diesen Annalen, deren Entstehung Pertz einfach dahin erklärt, dass in die Kalendarien der Klöster — denn in den Klöstern entstanden, wie im Anfange die ganze deutsche Literatur so auch die ersten Spuren der deutschen Geschichtsschreibung —, von den Mönchen gewisse sie besonders interessirende Begebenheiten (zuerst ihres eigenen, dann anderer Klöster, endlich allgemeine Weltereignisse) zur Seite der Tageszahlen beigeschrieben wurden; dass bei Begründung eines neuen, ordensverwandten Klosters, neuangelegte Kalendarien mit den bereits eingeschriebenen Daten des alten Klosters in das neugestiftete übergingen, in welche neuangelegten Kalendarien der jedesmalige frater scriba, oder scriptor, oder wer sich sonst der Sache widmete, andere Merkwürdigkeiten beischrieb, so dass im Laufe mehrerer Jahrhunderte endlich jene kleinen Jahrbücher zum Vorschein kamen, von denen Waitz bereits mehrere bestimmte Reihen nachgewiesen hat. Sie sind bis auf wenige Ausnahmen dazu brauchbar, um Daten und einzelne Fakten aufzufinden, während sie sonst jeder historischen Kunst und Darstellungsgabe entbehren. Das einzige Verdienst der verschiedenen Niederschreiber derselben ist eben lediglich das Niederschreiben. Diese Annalen sind gesammelt bei Pertz in den Monumentis Germaniae. Sie finden ihre Spitze in den allmälig vollkommener gewordenen Loiselianischen oder

Lorscher (Laureshamenses) Jahrbüchern. Gleichzeitig sind mehrere Heiligenleben, die aber mit grosser Vorsicht gebraucht werden müssen. Nicht zu vergessen Jornandes der Gete, Fredegarius mit seinen verschiedenen Fortsetzern etc. Die Form ist in Latinität, Styl und Worten roh und plump wie jenes ganze Zeitalter überhaupt ein Zeitalter der Rohheit und Barbarei in jeglicher Beziehung war.

Die zweite Periode, wo mehr Subjektivität bemerklich wird, muss von uns sehr weit ausgedehnt werden. Ihr gehören an, um nur einige zu nennen, Paulus Diaconus, Eginhard, Nithard, Richer, Widukind, Dithmar, Otto Frisingensis, Helmold, der Schriftsteller der Slaven, Adam, den man sonst von Bremen nannte, die bairischen, österreichischen, böhmischen (lateinisch schreibenden) und sächsischen Annalisten, die Geschichtsschreiber Ludwig's des Baiers, des Erzhauses Oesterreich, die sämmtlichen Schriftsteller über die Reformation hinaus, bis auf die ersten kritischen Geschichtsschreiber Deutschlands, Pufendorf, Mascov, Olenschläger, Haeberlin.

Die Darstellung ist chronikenartig, meistens nach den Jahren geordnet; bei mehreren macht sich jedoch schon das Streben bemerklich, den gleichartigen Stoff zusammenzustellen, wobei freilich viel durch einander geworfen wird. Die subjektive Ansicht der Schriftsteller spricht sich in der Parteinahme für oder gegen und einer derselben angemessenen Darstellungsweise aus, wobei Verdeutungen und Entstellungen, oft unwillkürlich, insbesondere bei Ausschmückung und Erweiterung der Erzählung nicht selten vorkommen. Der Styl wird schon gebildeter, weil man sich auf das Studium der classischen Schriftsteller insbesondere des Virgil, Horaz etc. mehr legte. Die Lektüre dieser Dichter bringt oft eine geschraubte, künstliche, blumenreiche Schreibart zum Vorschein, bei der häufig die dargestellte Materie leidet. Als ein Beispiel führe ich hier Einhard's Umarbeitung und Verbesserung der Lorscher Jahrbücher an. Das Streben dieses Schriftstellers nach Eleganz und Classicität, bewirkte, neben seiner speciellen Theil- und Parteinahme für seinen Herrn und Kaiser Karl den Grossen, dass viel von der Glaubwürdigkeit der Nachrichten verloren ging und jedem Historiker zu rathen ist, auf die ungeschmückteren und roheren Lorscher Annalen zurückzugehen, als den Einhard'schen zweifellos Vertrauen zu schenken.

Aus der Reihe der oben im Allgemeinen angeführten treten in Bezug auf Glaubwürdigkeit hervor ein kaiserlicher Autor, Karl IV., und freilich weit über ihn erhaben, obwohl zwei Jahrhunderte früher thätig, Lambert von Hersfeld, welcher vor den neusten Untersuchungen Hesse's von seinem angeblichen Geburtsorte den Beinamen von Aschaffenburg geführt hat. Er gehört schon in die dritte Reihe der Historiker. Die Entwickelung seines tiefblickenden Geistes, die Höhe seiner Weltanschauung übertrifft bei Weitem Alles, was der erste und zweite Zeitraum der deutschen Geschichtsschreibung geleistet hat. Aeneas Sylvius schrieb ein eleganteres Latein, aber seine Geschichtsdarstellungen werden weit von Lambert übertroffen, der redlich und unparteiisch schrieb, während der schlaue Aeneas Sylvius diplomatisch, verschlagen und parteiisch verfuhr.

Der dritte Zeitraum endlich, der Zeitraum der bewussten Objektivität der Geschichtsschreiber reicht bis auf unsere Tage. Während noch im zweiten Zeitraum fast ohne irgend eine Prüfung der Quellen und der Glaubwürdigkeit verfahren wurde bei der historischen Darstellung, hat die deutsche Geschichtschreibung seit der grossen Revolution der deutschen Literatur und dem ungeheuren Umschwunge derselben unter den berühmten Coriphäen des vorigen Jahrhunderts und der neuesten Zeit, eine wesentliche Umgestaltung erfahren. Man bestrebte sich nun nicht mehr, Geschichten, sondern begann jetzt wirklich Geschichte zu schreiben im Geiste der Alten. Man versetzte sich in die verschiedenen Zeitalter, prüfte mit scharfer, zersetzender Kritik die Quellen, und tauchte sich, so zu sagen, in die Innerlichkeit der Begebenheiten und Lebensweise der verschiedenen Zeiten und Völker. Aus der Vergleichung der durch verbesserte Handschriften geläuterten Quellen; in der Kritik und

Prüfung der verschiedenen Schriftsteller, welche man nicht mehr einzeln, sondern im Verhältnisse zu ihrer Zeit, ihren Zeitgenossen betrachtete, ergab sich bald der Standpunkt für die Darstellung, der Standpunkt der Auffassung überhaupt. Man schrieb nicht mehr wie früher die Geschichte, wie sie sich der Schriftsteller als solcher gedacht hatte, sondern man schrieb die Geschichte, wie sie gewesen war, und sagte lieber, dies oder jenes muss zweifelhaft, muss unklar bleiben, als dass man falsche und mindestens unerwiesene Darstellungen improvisirte. Muster in dieser Beziehung — natürlich mehr oder weniger verschieden in Bezug auf den Geschmack je nach der Individualität des Autors —, sind die Schriften des Johannes von Müller, Planck, Heeren, Niebuhr, Stenzel, Raumer, Ranke, Luden, Gervinus, Barthold, denen sich in den neuesten Zeiten verschiedene jüngere Kräfte anzureihen versuchen, deren Haupttummelplatz die histor.-politische Zeitschrift des Professor Schmidt in Berlin war. Ihre Bestrebungen wurden unterstützt durch die grosse Theilnahme des deutschen Volkes an der Erzählung und Aufklärung seiner früheren Zustände, eine Theilnahme, welche dem historischen Gesetze nach der Entwickelung der Freiheit vorangegangen ist. Bei der verschiedensten Thätigkeit, der verschiedensten Auffassung und Abfassung hat hierbei nur Ein Ziel allen guten Historikern der Gegenwart vorgeschwebt — die Verherrlichung des Vaterlandes.

Cap. I.
Karl's Jugend und Vorbildung.

Wie schon oben angeführt, gehörte auch Kaiser Karl IV. zu den Schriftstellern, welche sich über ihre Zeit erhoben, betreffs der Glaubwürdigkeit und Wahrheit des Dargestellten. Doch wollen wir hier seine ganze schriftstellerische Thätigkeit, die ausser der Geschichte noch andere Literaturzweige umfasste, beleuchten. Wenn er auch mit dem weit fruchtbareren Friedrich dem Grossen nur in der Beziehung verglichen werden kann, dass beide Fürsten waren, so geht doch der Stifter der ersten deutschen Universität — Prag —, als Muster seinen Zeitgenossen weit voran und wenn er sich auch nicht von allen Fehlern seiner schreibenden Zeitgenossen losmachen konnte, so können ihm doch nicht viele derselben zur Last gelegt werden.

Ueber die Familie Karl's IV. hier Einiges zu sagen, würde zu weitumfassend für die hier gestellte Aufgabe und ausserdem überflüssig sein, da der berühmte Verfasser der neuesten „Geschichte Böhmens" Franz Palacky über dieses Thema bereits sehr ausführlich und genau geschrieben hat[1]). Wir vermissen jedoch an dem schon angeführten Orte ein genaueres Eingehen auf den literarischen Bildungsgang unsers Autors, weshalb wir hier die von uns aufgefundenen darauf bezüglichen Notizen zusammenstellen.

Der fürstliche Autor, über welchen wir hier schreiben, wurde geboren zu Prag[2]) am 14. Mai 1316 und erhielt in der Taufe den Namen Wenzel[3]). Kaum vier Monat alt ward er dem Wilhelm Zagik von Waldeck übergeben, der ihn als Haushofmeister auf dem Schloss Burglitz erziehen sollte[4]). Dort hielt sich auch seine Mutter Elisabeth auf, und ibretwegen[5]), welcher von einigen Höflingen der entgegengesetzten Hofpartei angedichtet worden war, sie trachte danach, ihrem Gatten dem König Johann (aus dem Hause Luxemburg) das Leben und die Krone zu rauben, um als Regentin für den unmündigen Sohn herrschen zu können, wurde der Knabe mehrere Mo-

---

1) Bd. II. Abthl. II. Prag 1842. Pelzel (Gesch. Karl's IV. Prag 1780. 2 Bde. 8.) führe ich nur an, wenn von Urkunden die Rede ist, indem ich hier vollkommen Eichhorn's Urtheil (Deutsche Reichs- und Rechtsgeschichte, 5. Ausg. Göttingen 1844. III. p. 5.) beipflichte.
2) Selbstbiographie. Böhmer Fontes R. G. I. p. 233.
3) Chronicon Aul. Reg. bei Dobner, monum. hist. Bohem. V. p. 346. Francisc. Prag, bei Pelzel und Dobrowsky, Script. rer. Bohem. II. 101. Selbstbiographie II. Benes v. Weitmil b. Pelzel u. Dobrowsky II. p. 231. 293.
4) Chron. Aul. Reg. II.
5) Benes. II. p. 241.

nate lang im Gefängniss gehalten, wo er mancherlei Misshandlungen ausstehen musste. Im siebenten Jahre seines Lebens brachte man ihn nach Paris⁶), sei es ob der oben angeführte Verdacht des Königs von Neuem rege geworden war⁷), oder ob der Letztere die Veranlassung dazu in dem feineren Bildungszustande und den besseren Lehrmitteln jener Hauptstadt der höfischen Ritterlichkeit fand. Obwohl die gleichzeitigen Schriftsteller Peter von Zittau und Benesch v. Weitmil⁸) ungehalten über die Entfernung des Thronerben aus dem Königreiche sind, so neigen sie sich mehr zu letzterer Erklärung hin, König Johann habe seinen Sohn nach Paris gesendet, um ihn dort einer Bildung theilhaftig werden zu lassen, die man in dem damals sehr rohen und wüsten Prag nicht bieten konnte. War doch schon damals in der Hauptstadt Frankreichs eine Universität, welche den damaligen Zeitverhältnissen angemessen in Blüthe stand, und weit und breit gerühmt wurde. Da der König von Frankreich Karl (Oheim unsers Autors, denn die Königin von Frankreich war eine Schwester des König Johann v. Böhmen) wünschte⁹), dass sein Neffe nach ihm benannt würde, erhielt er bei der Firmelung den Namen Karl, unter welchem er in den Jahrbüchern des deutschen Reiches einst aufgeführt werden sollte. Der König, welcher der Zeitsitte gemäss den unmündigen Königssohn mit seiner Tochter Blanca vermählte, liess alle gebräuchliche Sorgfalt auf die Ausbildung des Knaben verwenden und überwies denselben seinem Caplan¹⁰) zur Erziehung, der ihm das damals für nöthig gehaltene lehrte, zugleich aber auch die Anfangsgründe des Lateinischen beibrachte. Doch mögen wohl die körperlichen Uebungen die geistigen überwogen haben, wenigstens scheint der Unterricht nach Karl's eigenen Worten¹¹): „Et ex hoc didici legere horas beate

---

6) Benes. II. p. 263.
7) Palacky. II. p. 150. 151.
8) Chron. Aul. Reg. II. p. 389. Benes. II.
9) Selbstbiographie Karl's IV. II. p. 233.
10) Selbstbiographie. II. p. 234.
11) Ibid. II.

Marie virginis gloriose, et eas aliquantulum intelligens cottidie temporibus mee
puericie libencius legi, quia praeceptum
erat custodibus meis regis ex parte, ut me
ad hoc instigarent," nicht viel bedeutender gewesen zu sein, als jener Ludwig's des Baiers[12].
Hauptsächlich umfasste er damals die Einübung der
Kirchengebete, denen höchstens einige Bibelstellen
mögen beigefügt worden sein. Die französische Sprache
eignete er sich natürlich im Umgange an. Uebrigens
sind auch ein paar Stellen vorhanden, wenn auch aus
späterer Zeit stammend, in denen bezeugt wird, dass
Karl an einigen Vorlesungen und Vorträgen auf der
Pariser Universität Theil genommen habe[13].

Zu jener Zeit schloss er ein Freundschafts-
bündniss, was auf das Verhalten in seinen späteren
Jahren von der entschiedensten Wichtigkeit gewesen ist.

Die Bekanntschaft dieses Freundes[14] machte
Karl an Aschermittwoch des Jahres 1328, wo er eine
Predigt des Peter Roger von Malmonte aus der Kir-
chendiöces von Lemovica[15] anhörte. Sie gefiel dem
Königssohn so ausserordentlich, dass er den Umgang
dieses Mannes eifrig suchte, der ihm auch um so leich-
ter zu Gebote stehen konnte, als jener Geistliche, erst
Mönch im Kloster Gotteshaus Benedictinerordens zu
Clermont, damals in Paris Magister der Theologie und
Königlicher Rath geworden war, weshalb er in Paris
bleiben musste. Dieser sehr gelehrte Mann bildete
nun unsern Karl in seinem Umgang weiter aus, und
weihte ihn namentlich so in die Bibel und die Spitz-
findigkeiten der Theologie und kirchlichen Scholastik

---

12) Die hierauf bezügliche Stelle lautet in der: „Vita Ludovici IV. imp. bei Böhmer. II. I. 160." „Baptizatum, confir-
matum, in aliis sacramentis christiane fidei convenientibus et
debitis cruditum, symbolum, Pater Noster et Ave Maria bene
scientem, orationes facientem, verum catholicum esse et opera
christiano necessaria demonstrasse."
13) Caesar Egassius Bulaus in hist. univers. Parisiensis.
t. IV. p. 313. Tritheim in chron. Hirsaugiensi ad aun. 1360 (nach
Pubitschka, Gesch. v. Böhmen. VI. p. 346. Note X.)
14) Selbstbiographie p. 235. vergl. Cap. IV.
15) Theod. de Niem, vitae pontiff. Roman. ap. Eccard corp.
hist. tom. I. p. 1501.

ein, dass wenigstens die prager Magister mit Staunen die Ausdehnung seines Wissens und die Fülle seiner Kenntnisse bewunderten [16]). Es ist nicht zu bezweifeln, dass in späterer Zeit jene Liebe, die Karl selbst eine wechselseitige nennt, wenn sie auch bei dem schlauen Pater mehr auf persönlicher Berechnung als persönlicher Zuneigung beruhen mochte, jenes Benehmen veranlasste, wonach der damalige erwählte römische König, dem unter dem Namen „Clemens VI." Pabst gewordenen Peter Roger, durch unzeitige Beugung die Ehre Deutschlands nachsetzte.

Durch den vertraulichen Umgang mit diesem gelehrten Manne wurde eine bedeutende Neigung zu den Wissenschaften in Karl erweckt, welcher er selbst in den schwierigsten Lagen seines ziemlich wechselreichen Lebens sich stets überlassen hat. Dass er auch — was allerdings aus den auf uns gekommenen Schriften nicht ganz klar hervorleuchtet —, auch einige Kenntniss der alten Schriftsteller sowie der Verhältnisse des Alterthums gehabt haben mag, scheint aus einem Briefe hervorzugehen, welchen Petrarca von Mailand aus an ihn schrieb. Die bezüglichen Worte, welche allerdings etwas nach Schmeichelei duften, lauten: „Tua autem epistola quam illorum odio dictatam, ad me misisti, magnum te mihi approbat oratorem, gaudeo, nempe Caesaris propria ut bellorum et justitiae, sic linguae et ingenii laus est" [17]). Rühmenswerth und auffallend für jene Zeiten bleibt es gewiss, dass Karl von sich sagen konnte, er sei im Stande fünf Sprachen zu reden und könne in ihnen auch schriftlich sich ausdrücken [18]). Diese Sprachen waren die Böhmische — seine Muttersprache —; die Deutsche, welche er sicherlich zugleich mit der Böh-

---

16) Man lese zur Ergötzlichkeit die Beschreibung über die Verwunderung jener Herren, deren Weisheit wahrscheinlich nicht zu bedeutend gewesen ist, bei Benes II. p. 325. von den Worten: „Plures etiam epistolas — frequentavit" etc.
17) Franc. Petrarchae opp. tom. II. p. 1035. ed. Basil. 1554. fol.
18) Selbstbiograph. II. 247. Joannis archiep. Pragensis oratio funebr. ap. Freher, script. rer. Bohem. antiqui p. 110. Schrökh. II. XXX. 92. Struvii corp. hist. Germ. Per. IX. p. 718. Palacky. II. p. 415.

mischen lernte und welche Hofsprache wenigstens unter König Johann war¹⁹); ferner die Französische, am pariser Hofe angeeignet; die Italienische, welche er während seiner lombardischen Statthalterschaft erlernte; endlich die Lateinische, deren Anfangsgründe der Kaplan des Königs von Frankreich ihm beibrachte, deren erweiterte Kenntniss er dem Peter Roger von Malmonte verdankte und welche nicht nur im diplomatischen Verkehr, sondern in seinem Briefwechsel mit dem berühmten Gelehrten des vierzehnten Jahrhunderts, dem classischen Kenner der alten Sprachen, dem Sänger der Laura, mit Franz Petrarca beständig von ihm geübt wurde.

Wenn in späterer Zeit Scenen aus Karl's Leben nicht zu verleugnen sind, die ihn unbedingt nicht in dem ideellen Lichte erscheinen lassen, wie es Palacky um diesen ächt czechisch gesinnten Kaiser verbreitet, so muss wenigstens sein Verhalten gegen Petrarca gross und eines Kaisers würdig genannt werden. Es sind mehrere Briefe vorhanden. Petrarca, welcher den Königssohn als Statthalter in Parma kennen lernte, setzte auf ihn die Erwartung, er werde die (noch bis heute) unerfüllt gebliebene Hoffnung vieler Italiener zur Wahrheit machen, nämlich, wenn er Kaiser geworden wäre, ganz Italien vereinigen und seinen Sitz als weltlicher Herrscher der Christenheit in der ewigen Stadt Rom nehmen.

Da Karl aber zu klug, um dem Beispiel der früheren Kaiser nachzuahmen, bald nach seiner Kaiserkrönung den italischen Boden wieder verliess, nach seinem engeren Heimathslande eilend, ohne jene weitschichtigen Pläne auszuführen, so ergrimmte der in seinen süssesten Hoffnungen getäuschte Italiener ausserordentlich, machte ihm die härtesten Vorwürfe, ja nannte ihn selbst einen: „Feigling"²⁰). Karl verzieh dem leidenschaftlichen Dichter diese Hitze und Ausdrücke, ja, er lud ihn nach Geburt seines ältesten Sohnes: „Wenzel" ein, nach Prag zu kommen, um

---

19) Chrou. Aul. reg. II. p. 469. cf. cap.
20) Opp. II. p. 389.

die Erziehung desselben zu übernehmen [21]). Doch wurde dieser Wunsch nicht zur Ausführung gebracht, obwohl der Kaiser sehr dringend gebeten hatte [22]), weil Petrarca durch den Krieg in der Lombardei zurückgehalten wurde [23]). In Bezug auf das Verhältniss Karl's IV. zu Petrarca kann man vollkommen der feinen Bemerkung Schröckh's [24]) beipflichten, er habe sich hierin ächt kaiserlich benommen.

Es war natürlich, dass Karl IV. bei diesem Eifer für die Wissenschaft den Gelehrten so günstig als möglich war. Er war nicht in dem Wahne befangen, nur aus der Ferne komme das Gute, sondern er unterstützte auch Diejenigen in seiner unmittelbaren Nähe und vorzugsweise seinem Lieblingslande Böhmen, welche wissenschaftliche Bestrebungen hegten, insbesondere dem Studium der Geschichte und der Schilderung der Zeitereignisse sich gewidmet hatten, oder wenigstens Fähigkeiten dazu besassen.

Drei Chronikenschreiber werden hauptsächlich genannt, welche nach seiner Anordnung und seinem Wunsch Geschichten geschrieben haben: Johannes von Marignola, der sogenannte Pulcawa und Benesch Krabice von Weitmil.

Der Erstere war anfänglich Lehrer an der Akademie zu Bologna, ward dann als päpstlicher Legat nach Asien gesendet und im Jahre 1353 von dort zurückgekehrt, nach Prag berufen, wo er Karl's Beichtvater und Hausfreund wurde, und regelmässig Vorträge an der neugestifteten Hochschule hielt. Als er im Jahre 1354 bereits Prag wieder verliess, um ein italienisches Bisthum anzunehmen, wurde ihm von Karl IV. der Auftrag, die Geschichte Böhmens zu schreiben [25]).

---

[21]) Pelzel, Gesch. Karl's IV. tom. II. p. 688.
[22]) Cod. ep. Caroli IV. Gorl. Nr. 15. (cf. Hoffmann, Sammlung ungedruckter Urkunden II. Nr. 223. pag. 226. 227. Pelzel, Urkundenbuch zu Karl IV. Nr. 322. p. 360.)
[23]) Pelzel, Karl IV. II. p. 710.
[24]) Schröckh, Kirchengesch. XXX. p. 150.
[25]) Chron. Joannis Marignolae ap. Dobner. monum. Boh. hist. II. 80. (Ut ergo tranquillitate — secula seculorum. Amen). Palacky, die Geschichtsschreiber Böhmens. Prag 1830. p. 164

Doch gefiel dessen Chronik, welche nur wenige auf die Geschichte Böhmens bezügliche Sätze enthält, nicht, und es erhielt ein uns sonst unbekannter Autor, Namens **Pulcava***), den Auftrag, dieses Werk zu unternehmen, welcher es erst **lateinisch** verfasste und dann ins **Böhmische** übertrug [26]. Er musste dieser böhmischen Chronik das von **Karl IV.** selbst verfasste: „**Leben des heiligen Wenzel**" sowie eine: „**Brandenburger Chronik**" einschalten, so dass es scheint, als sei das ganze Werk unmittelbar unter des Kaisers Augen geschrieben [27].

Der dritte böhmische Schriftsteller endlich war Benesch **Krabice von Weitmil**, welcher seine Chronik: „secundum intentionem domini imperatoris" geschrieben zu haben behauptet [28].

Der Domherr **Franz** von **Prag** und **Neplach** der Abt von Opatowitzsch dedicirten die Umarbeitungen ihrer Bearbeitungen der böhmischen Geschichte dem Kaiser [29].

Auch im nördlichen Deutschland war der unermüdliche **Karl IV.** in dieser Beziehung thätig. Auf seinen Wunsch ward ein sogenanntes: „**Landbuch der Mark Brandenburg**" verfasst [30]. Nach einer Sage aus späterer Zeit soll er dem Schriftsteller **Heinrich von Herford** bei seiner Anwesenheit in Westphalen ein Denkmal haben setzen lassen [31].

So anerkennenswerth wir es von **Karl IV.** finden müssen, dass er sich bemühte, die Literatur, insbesondere der Geschichte, in seinem Vaterlande zu heben, so beklagenswerth bleibt es, dass er nicht bessere Kräfte dazu gewinnen, nicht schönere Ergebnisse

---

sqq. Grässe, Handbuch e. Literärgeschichte. II. Bd. 3. Abtheil. 2. Hälfte. p. 1035. Nr. 25.

*) Auch **Przibico de Tradenina**, AA. LL. Dr. genannt.

26) Palacky, böhm. Geschichtsschr. p. 174. 177. 178.
27) Dobrowsky, krit. Versuche III. 30. Dobner. monum. III. p. 290. Grässe. II. II. 3. II. p. 1172. Nr. 9.
28) Pelzel et Dobrowsky, scriptt. II. II. p. 219. Ueberschrift.
29) Palacky, böhm. Geschichts. p. 140 sqq. 157 ff.
30) Büsching, vollständ. Topographie der Mark Brandenburg. Vorr.
31) Schaten, Ann. Paderborn. tom. II. lib. XIV. p. 398. 399.

erzielen konnte. Denn alle jene Chroniken, welche unter Karl's Anleitung oder auf seinen besonderen Befehl geschrieben wurden, sind voller Irrthümer, Uebertreibungen und Entstellungen, und können nur mit der schärfsten Kritik vom Geschichtsschreiber benutzt werden, obgleich es nicht geläugnet werden kann, dass manche Nachricht uns ohne jene Werke gänzlich verloren gegangen sein würde.

Am meisten bethätigte Karl IV. seine Liebe zur Wissenschaft dadurch, dass er die erste Hochschule in Deutschland — die Universität zu Prag —, deren 500jährige Jubelfeier im vorigen Jahre (1848) begangen werden sollte, gestiftet hat. Pabst Clemens VI. bestätigte sehr bald die Stiftung [32]. Ich werde hier nichts Näheres über diese Universität mittheilen, da Palacky in seiner Geschichte Böhmens bereits weitläufig davon gehandelt hat [33].

Cap. II.
Eintheilung der Schriften Karl's IV.

Kaiser Karl IV. hat in verschiedenen Fächern der Wissenschaft sich versucht. Wenn wir das zusammenstellen, was von ihm vorhanden ist, so können wir die auf uns gekommenen Schriften theilen:
1. in historische.
   a) Die Selbstbiographie (Commentarius de vita sua), welche einen Zeitraum von 16 Jahren, die Zeit von 1330—1346, doch hauptsächlich nur in Bezug auf das luxemburgische Haus umfasst.

---

32) Raynaldi, Ann. ecclesiast. XVI. ad ann. 1348. p. 259. c. II. (Clemens etc. Ad perpetuam rei memoriam etc. Considerantes eximiam devotionis — plenam et liberam habeant facultatem. Nulli ergo etc. Datum Avin. VII. Kal. Febr.)

33) II. p. 299 sqq. Vergl. über Karl's wissenschaftliche Thätigkeit und Begünstigung der Gelehrten: Joh. de Geylnhusen (Hoffmann, ungedr. Urkunden II.) XX. (pro doctoribus) XXIV. (pro magistris) LXXV. CCXIV. CCXVIII. CCXLVI. — Struvii corp. hist. Germ. Per. IX. p. 6. Schröckh. II. XXX. p. 92 sqq. XXXI. 178 sqq. Pubitschka, Gesch. v. Böhmen VI. 346 sqq. Palacky II. p. 299 ff. 415 ff.

Eine Abart der Geschichte ist:
b) Das Leben des heiligen Wenzel, welches als Legende eine gewisse geschichtliche Grundlage hat;
II. in theologische.
Vorzüglich eine Predigt, Auslegungen der Bibel etc.
III. Briefe. Sie verbreiten sich über verschiedene Lebens- und Zeitverhältnisse Karl's sowohl in seiner Stellung als Statthalter von Böhmen und Mähren, dann als König und Kaiser.

Wir werden nun in obiger Reihefolge die verschiedenen Schriften durchgehen, und dabei natürlich bei der Selbstbiographie, als der Hauptschrift am längsten verweilen.

Cap. III.
Handschriften und Ausgaben der Selbstbiographie.

Es gibt zwei Arten von Handschriften, lateinisch und böhmisch geschriebene. Da wir glauben nachweisen zu können, dass die Selbstbiographie erst lateinisch abgefasst wurde (s. Cap. IV.), so geben wir ihnen hier den Vorrang.

I. Lateinische Handschriften.

Wir haben im Ganzen bis jetzt 10 aufgefunden.
I. II. Handschriften in Prag. Sie wurden zuerst von Reineccius, später von Freher zu der Ausgabe des Buches benutzt. (s. Palacky, Böhm. Geschichtsschr. p. 168. Boehmer, fontes rer. Germ. I. p. XXIV.)
III. Eine Handschrift in Wolfenbüttel, von der dasselbe gilt wie von den beiden vorigen. (Boehmer. II. p. XXIV.)
IV. Die görlitzer Handschrift*) (aufgefunden durch den Stadtrath Köhler im Jahre 1836.)

---
*) Wir gehen auf diese Handschrift deshalb specieller ein, weil sie bis jetzt noch nicht bekannt war und der Geheimerath Pertz in Berlin, dem wir eine Beschreibung überreicht haben, dieselbe im Archiv noch nicht mitgetheilt hat.

Papierhdsch. vom Ausgange des 14. Jahrh. in fol. (c. 1390), in der milich'schen Bibliothek zu Görlitz aufbewahrt in einem Bande, welcher 269 Blatt zählt und die Aufschrift trägt: „Cronica Boemorum." Er kam in diese Bibliothek im Jahre 1563 aus der alten Franziskanerbibliothek (cf. Scriptt. rer. Lusat. N. F. 1. Bd. p. XXII. Anm.), als in dem eingegangenen Kloster das Gymnasium gegründet ward. Dass die Handschrift aus dem Ende des 14. Jahrh. stammt, sieht man nicht allein aus den Schriftzügen und Abkürzungen, sondern auf Blatt 259 findet sich die Jahreszahl 1391, welche jetzt sehr verwischt ist. Die **Selbstbiographie** ist in diesem Bande auf Blatt 224—243 enthalten, und beginnt hier mit den Anfangsworten des von **Böhmer** bei seiner Ausgabe benutzten wiener Codex (II. p. XXIV.): „Secundis sedentibus in thronis meis." Der Buchstabe S ist roth gemalt, was ebenfalls von den übrigen 18 Anfangsbuchstaben in ebensoviel Absätzen gilt. Bei fünf Capiteln sind die Ueberschriften gleichfalls roth:

fol. 228d. De Mediolanensibus qui posuerunt fortem exercitum Scti felicis Mutinensis diocesis.

fol. 230b. Quomodo rex Johannes confederatus est cardinali Ostiensi.

fol. 240c. Quomodo in reditu de prussia rex Johannes et filius ejus per regem Cracovie deberet capi.

fol. 241b. De Ludovico Bavaro, qui se imperatorem nominavit et rege Ungarie Cracovie diffidarunt Johanni et Marchioni.

fol. 242b. Quomodo sollempnis ambassata mittitur a Ludovico Bavaro ad regem Johannem et Karolum Moravie marchionem.

fol. 259 ist die Bemerkung: „explicit cronica Boemorum", obwohl dort von der Tochter des Königs Antiochus und durchaus nicht mehr von böhmischer Geschichte die Rede gewesen ist. Bis auf dieses Blatt 259 ist der ganze Band von einer Hand geschrieben. Uebrigens ist die Handschrift, obwohl sie sicher zu den älteren, wenn nicht zu den ältesten mit zu rechnen ist, keine der vorzüglichsten. Der Schreiber hat oft Worte und ganze Sätze weggelassen, wie fol. 224a., von: „et si — et ideo"; 224c. von: „operatis — misericordiam" (Freher, rer. Bohem. scriptt. antiqui. fol. 88, 7.); 226d. von: „quae veniens — primigenito" (Freh. II. 89, 24.); 227b. fehlt: „ex successione patris sui" (Freh. II. 89, 50.) und die Stelle: „Quem Ludovicum — Austrie" (Freh. 90, 1.); 233b: „Quam receperat sibi in reginam" (Freh. 95, 32.); f. 235d: „premittere et tractare qualiter nos velitis suscipere in reginam" (Freh. II. 97, 42.); 236a. „cum episcopo Feltrensi" (Freh. 98, 1.); 236d. die Worte: „putantes amicos esse. Et ego intravi portas" (Freh. II. 98, 41.); ebenso f. 237b: „in vallem Oeni" (Freh. 99, 5.). — f. 237c. ist die ganze Rede ausgelassen, welche Karl selbst: „Homilie" nennt, von der Freher (II. 99—101.) und Böhmer (II. p. 257.) Einiges mitgetheilt haben (cf. Benesch v. Weitmil bei Pelzel u. Dobrowsky. II. 315—325. Palacky, böhmisch. Geschichtsschreib. 195).

Sehr zu bedauern ist, dass das wichtige Wort: „frater" oder „filius", über welches so viel gestritten worden ist, fehlt (Boehm. II. p. 261. Not. 4. Freh. II. 103, 29.); dort steht nur: „naturalis fratris." — fol. 241a. fehlen die Worte: „Johanni" (Freh. II. 105, 9.) und: „Suidnicensis" (Freh. 105, 12.), ebensowie f. 241b: „concordie" (Freh. 105, 26.).

Geben wir weiter, so finden wir f. 240b. die Worte: „Quomodo rex Johannes per duos annos reversus in Bohemiam cum multis magnis et spectabilibus versus prussiam iter instituit" (Freh. II. 104, 22. Böhm. 264.), welche nur in der wiener Hdsch. No. 556. (Böhmer II. XXV.) gelesen werden. Bessere Lesarten haben wir nur zwei gefunden f. 234c. (Böhm. II. 251.): „Wladislaum nomine regis" für: „Wladislaum nomine reges" und fol. 235d. „erant" für „erat."

Im Allgemeinen stimmen die Lesarten der görlitzer Handschrift mit den Ausgaben von Freher u. Böhmer, vorzüglich aber mit den Lesarten der wiener Hdsch. 9045. (Böhmer, unter seinem Text) und zwar so genau, dass fast alle Lesarten, in denen jene Handschrift von den beiden Ausgaben der Selbstbiographie abweicht, auch in der görlitzer Handschrift zu bemerken sind.

V. Wiener Hdsch. 619. (1245) 8. 15. Jahrh. Papierhdsch. vorn mit mehreren Bildern geziert und zeigt am Anfange die Worte: „Libellus domini Ulrici de Rosenbergh generosi." Am Ende des Buches stehen die Worte: „explicit cronica de gestis pie memorie sereuissimi principis domini domini Karoli Romanorum imperatoris et Boemie regis anno domini MCCCXCVI. feria secunda ante festum sancti thome apostoli gloriosi. „Poskocz buohadle ad tebe hamba nenye. Amen." (= Springe im Namen Gottes, dass es dir nicht übel ergehe.) Sunt quinque que saciant, bis bina volant, tres ambulant et duo sonant." Hierauf folgt ein in böhmischer Sprache geschriebenes Buch. (Boehm. II. XXV.)

VI. Wiener Hdsch. 556. 4. perg. sec. XV. in schönen Minuskeln geschrieben. Hinter dem Worte: „elegerunt" folgen in rother Farbe die Worte: „Et sic est provincia asteym wzhorn" (Boehm. II. XXV. unten).

VII. Wien. Hdsch. 3539. (früher hist. prof. 749.) Anfang des XVI. Jahrh. Papier. Am Ende steht: „Explicit successus et actus domini Karoli imperatoris quos habuit et fecit temporibus suis et ea solus dictavit. Deo gratias amen!" (Boehm. II.)

VIII. Wien. Hdsch. 7308. (früh. hist. prof. 748.) 4. XVI. Jahrh. Papierhdsch. (Boehmer II.)

IX. Wien. Hdsch. 9045. (hist. prof. 173.) Papierhdsch. des XVII. Jahrh. Vita Caroli imperatoris edita a M. Frehero inter S. S. rerum Bohemicarum. p. 56. Hanoviae anno 1603. fol. (vgl. Chmel, Manuscripte und Handschriften der k. k. Hofbibliothek zu Wien. Wien 1840. I. p. 250.)

X. Breslauer Hdsch. (Bibl. central. Vratislav. 13. class. I. fol. Nr. 103. 4.) (f. 301—343.) „Chronica serenissimi principis Caroli regis Boemorum et imperatoris Romanorum et semper Augusti quem ipse composuit et diligenter compilavit." (Pertz, Archiv. Bd. VI. p. 93.)

Ausgaben im Druck haben wir bis jetzt drei.

1) In dem Buche:
„Chronicon Hierosolymitanum id est de bello sacro historia etc. opera et studio Reineri Reineccii. Quae operis subjecti est pars prima. Helmstadii 1584. 4."

Die Selbstbiographie steht im zweiten Theile dieses Buches p. 14—39.; am Schlusse die Worte: „Explicit dicta serenissimi principis Caroli imperatoris Romanorum nec non Boemie regis illustris etc. anno domini etc. LXIII. sabbato post epiphaniam"*).

Reineccius hat bei dieser Ausgabe neben zwei prager Hdsch. eine Wolfenbüttler benutzt. Diese Ausgabe legte wiederum auf:

2) Marquard Freher: Rerum Boemicarum antiqui scriptt. aliquot. Hanoviae 1602. p. 80—107.

Er hat überall die Wortendungen dem classischen Latein gemäss verbessert, während die mittelalterlichen beibehalten sind in den:

3) Fontes rerum Germanicarum ed. Fr. Böhmer. Stuttgart 1843. tom. I. p. 228—270. unter dem Titel: „Vita Karoli IV. ab ipso Karolo conscripta." Die Ausgabe enthält einen Abdruck der wiener Hdsch. 556. (früher 746.), welche mit mehreren anderen wiener Hdsch., vorzüglich aber mit der Ausgabe von Reineccius (Vorr. XXIII.) verglichen ist. Dieser Ausgabe als der einzigen critischen sind wir hier gefolgt.

B. Böhmische Handschriften und Ausgaben.

Handschriften sind bis jetzt drei bekannt, zwei Wiener und zwei Prager.

1) Wiener Hdsch. des XV. Jahrh. Pergam. No. 581. auf der k. k. Hofbibliothek, welche die Herausgeber der neuesten böhmischen Ausgabe der Selbstbiographie benutzt haben. (Wybor. II. p. 499.)

---

*) Beruht hierauf vielleicht die Annahme Palacky's, dass das Buch 1363 geschrieben sei?

2) Wiener Hdschr. des 15. Jahrh. Papier 8. 165 Blatt stark, von denen 67 leer sind. Das Ganze ist in 16 Capitel getheilt, an deren Anfang regelmässig ein kleines Gemälde befindlich. Das 15. Capitel handelt von der Krönungsordnung der Könige von Böhmen, das sechzehnte aber über Karl's Regierung. Am Schlusse sind einige nicht ganz vollendete Aufsätze befindlich, unter denen der eine mit den Worten anfängt: „Chwala a Czest kahzdeho kniezete" (Ruhm und Ehre jedem Fürsten), und alle Hazardspiele den Böhmen untersagt.
(Primisser, die k. k. Ambraser Sammlung zu Wien. 1819. 8. p. 270.)
3) Prager Hdsch., einst unter den Büchern des leitmeritzer Bischofs aufbewahrt.
(s. Pelzel, Leben Karl's IV. I. p. 94. Anm.)
Böhmische Ausgaben sind ebenfalls drei vorhanden:
1) Ambrosius v. Ottersdorf, Olmütz. 1555. 8. Er versichert in der Vorrede das Buch einer alten Pergamenthandschrift, welche auch die Krönungsordnung enthalten, entnommen zu haben. Diese Ausgabe legte wiederum auf:
2) Friederich Tomsa. Prag. 1788. 8. Palacky nennt diese Ausgabe ganz bedeutungslos (Böhm. Geschichtschr. p. 299.)
3) Die letzte Ausgabe befindet sich in:
Wybor z literatury ceske, dil prwni od nejstarsich casuw az do pocatku XV. stoleti. Nakladem ceskeho museum, cislo XVII. WPraze, w komissi u Kronbergra i Riwnace. 1845. unter dem Titel: „Ziwot Cisare Karla IV." (Leben Kaiser Karl's IV.)
(Auswahl aus der böhmischen Literatur. Erster Theil von den ältesten Zeiten bis auf den Anfang des 15. Jahrh. Auf Kosten des böhmischen Museums. No. XVII. Prag, bei Kronberger u. Rziwnat. 1845.)
Der Herausgeber (Schafarschik oder Palacky?) hat die Handschrift No. 1 wörtlich abdrucken

lassen, so dass diese Ausgabe zu gleicher Zeit für die alte böhmische Grammatik sehr wichtig ist.

Cap. IV.
Das Verhältniss des lateinischen zu dem böhmischen Texte.

Wenn wir die lateinischen und böhmischen Ausgaben des Büchleins vergleichen, so kommt uns sofort die Frage ein: ist dasselbe zuerst böhmisch oder lateinisch vom Verfasser geschrieben worden? Nach dem Vorgange Pelzel's (Vorrede zu Karl IV.) und Adelung's (Directorium zur südsächsischen Geschichte. Nr. 523. p. 166.) haben die meisten Slavisten behauptet, Karl habe das Buch zuerst böhmisch geschrieben, aus welcher Sprache es später in die lateinische übertragen worden sei. Beweise dafür seien, dass die ältesten Handschriften böhmische wären, und ausserdem weil der böhmische Text den lateinischen an Klarheit und Reinheit der Sprache überträfe. Was die Handschriften und ihr Alter anbetrifft, so sind die vier ältesten aus dem 14. Jahrh. lateinische; böhmische Handschriften aus dem 14. Jahrh. sind bis jetzt noch nicht aufgefunden worden. Wir glauben stichhaltigere Gründe für die entgegengesetzte Ansicht anführen zu können, dass nämlich die Selbstbiographie erst lateinisch geschrieben und später von einem Anderen in die böhmische Sprache übertragen worden sei. Es ist eine Thatsache, dass noch in der Mitte des 14. Jahrh. fast alle Bücher von grösserer Bedeutung, damit man sie besser verstände, lateinisch abgefasst wurden, was damals noch die allgemeine Schriftsprache war. Karl IV. schrieb sein Leben nicht für die böhmischen Bauern und die kleinen Bürger, denn diese konnten nicht lesen, sondern für die gebildeteren Stände und den Hof. Hierzu kommt noch eine Stelle des Petrus von Königssaal, aus welcher klar hervorgeht, dass man noch in den dreissiger Jahren am böhmischen Hofe viel weniger böhmisch als deutsch sprach. Die merkwürdige Stelle (Chronicon Aul. Regiae II. p. 469.), zum Jahre 1334 geschrieben und auf die erste Gemahlin Karl's, Blanca, zu beziehen, lautet: „Ut autem hominibus benignius possit convivere, linguam Teutonicam incipit discere et plus in ea solet se quam in lingwaio Bohemico exercere. Nam in omnibus civitatibus fere regni et coram rege communior et usus lingwe Teutunice quam Bohemice ista vice." Palacky widersetzt sich zwar den Schlüssen, welche einige deutsche Schriftsteller aus dieser für die czechischen Patrioten fatalen Stelle gezogen haben, dass nämlich zu Karl's IV. Zeit die böhmische Sprache noch sehr vernachlässigt gewesen sei, und meint (Geschichte Böhmens II. 2. p. 209. Anm. 251.), jene Worte des Abtes von Königssaal bezögen sich nur auf das Jahr 1334 und die unmittelbar folgenden, nicht auf die ganze Regierungsperiode Karl IV. Wir wollen das recht gern zugestehen, doch ist die Sitte in so kurzer Zeit nicht zu vernichten und hat gewiss die deutsche Sprache stets gleichberechtigt auch in den letzten Regierungsjahren Karl's am Hofe und unter den höheren Ständen bestanden. Das sieht man unter anderen daraus, dass neben den lateinischen Documenten, Diplomen, Briefen und Formeln überwiegend mehr deutsch als böhmisch geschriebene vorkommen. Wenn demnach böhmisch so wenig im Schwunge war, weshalb hätte Karl IV. sein Leben böhmisch schreiben sollen, zumal diese Sprache als Schriftsprache erst bedeutender damals anfing aufzutauchen? Aus allen diesen Verhältnissen glaube ich mit meiner Hypothese nicht zu irren, wenn ich behaupte, das Buch ist erst lateinisch geschrieben und dann — möglich auf Karl's Befehl — böhmisch übersetzt worden.

Was übrigens Pelzel und Adelung behaupten: der böhmische Text sei in Bezug auf den Styl reiner und fasslicher geschrieben als der lateinische, so lehrt eine einfache Vergleichung beider, dass anfänglich in beiden Sprachen das Buch wegen seines mystischen Beginnes etwas dunkel und unklar ist, dass aber der Erzählungston in beiden Sprachen dann sehr leicht und klar ist. Um das noch anschaulicher zu machen, stellen wir eine Anzahl Stellen — hauptsächlich solche, auf die wir uns zu berufen haben — zusammen im lateinischen und böhmischen Texte und geben zu letzterer Sprache die wörtliche deutsche Uebersetzung, damit auch ein Nichtkenner jener slavischen Sprache im Stande ist, sich eine Idee von dem Verhältnisse jener beiden Texte *) zu einander zu bilden.

Die böhmische Ausgabe hat Ueberschriften über jedem Kapitel. Die nachstehenden Worte sind an der Spitze des ersten Kapitels:

Kap. I. (Wybor II. p. 499. 500.) Tuto se pocina premluwa o ziwote preslechetneho Karla ciesare Rimskeho etwrteho a krale Ceskeho prweho predostojneho.	Kap. I. Hier beginnt die Vorrede vom Leben des sehr edlen und würdigen römischen Kaisers Karl's IV. und böhmischen Königs I.

Böhmisch.	Deutsch.	Lateinisch.
Nastupcom sediecim na mu dwu kralowu stolici: dwoj tohoto sweta ziwot poznati, a lepsi sobe zwoliti¹). Kdyz dwoj, oblicej w podobenstwi, widime, pamet obu ziwotu mame.	Den Nachfolgern sitzend auf meinen beiden königlichen Thronen (geziemt es) das zweifache Leben dieser Welt zu erkennen und das bessere zu wählen. Wenn wir dies zwiefache Ge-	²) Secundis sedentibus³) in thronis meis binis, binas mundi vitas agnoscere et meliorem eligere. Cum binam faciem in enigmate respicimus, memoriam de ambabus vitis

---

*) Der Mangel an czechischen Typen nöthigt dazu das Böhmische mit lat. Lettern zu setzen. Der Sachkenner wird es auch ohne die Zeichen verstehen.

1) Rkp. Sediece na scastnu nasi dwu kralowu stolici, dwój techto sweta ziwot mame poznati a lepsi sobe zwoliti. — Hdsch. Sitzend auf unsern beiden königl. Thronen haben wir das zweifache Leben dieser Welt zu erkennen und das bessere für uns zu wählen.

2) Böhmer fontes I. p. 228.

3) Secuturis in thronis meis. Cod. Vindob. 9045.

Böhmisch.	Deutsch.	Lateinisch.
Nebo jakzto obli-cej jenz widime w zrcadle, prazdny (jest) a nic nenie takez hriesnych ziwot nic nenie.	sicht im Bilde sehen, so haben wir die Erinnerung an das zweifache Leben. Denn wie das Gesicht, welches wir im Spiegel sehen, eitel ist und ein Nichts, so ist auch der Sünder Leben ein Nichts.	habemus. — — — Quia sicut facies, que videtur in speculo vana et nichil est, ita et peccatorum vita nichil est.
Proto Orlicnik [4] w cteni prawi: Bez neho ucineno jest nic.	Daher spricht der vom Adler im Evangelium: Ohne ihn ist Nichts gemacht.	Unde aquilaris in evangelio ait: Et sine ipso factum est nichil.
[5] Zadam proto, aby to was nebylo tajno, ze Jindrich sedmy Rimsky ciesar urodil otce meho, jmenem Jana, z Margarety kniezete Brabanskeho dcery; jenz pojal zenu jmenem Elsku, dceru Waclawa druheho Ceskeho krale, a obdrzel kralowstwie Ceske s ni; nebo muzsky plod z pokolonie kra-	Daher wünsche ich, es möge euch nicht verborgen sein dass Heinrich VII. Römischer Kaiser zeugete meinen Vater, mit Namen Johann, mit Margaretha, Tochter des Fürsten von Brabant, der zur Frau nahm die Elisabeth, Tochter Wenzel's II., böhmischen Königs, und mit ihr das Königreich	Cupio igitur vos non latere quod Heinricus VII. Romanorum imperator genuit patrem meum, nomine Johannem, ex Margaretha ducis Bravancie filia. Qui duxit uxorem nomine Elyzabeth, filiam Wenceslai II., Boemie regis, et obtinuit regnum Boemie cum ea, quia masculina sexus in progenie

---

4) Orlicnik, d. i. der Evangelist Johannes (lat. Aquilaris) vgl. Gloss. man. med. et infim. latinitatis. Hal. 1777. tom. I. p. 328 s. v. Aquila. Wybor. II. p. 1240.
5) Wybor 507. (unten). Böhmer II. p. 233.

Böhmisch.	Deutsch.	Lateinisch.
luow Ceskych biese ssel.	Böhmen erhielt; denn die männliche Nachkommenschaft aus dem Geschlecht der böhmischen Könige war verschwunden.	regali Boemorum defecerat.
Urodi pak ten jisty Jan kral Cesky s Elsku kralowume prworozeneho syna sweho jmenem Waclawa . .	Es zeugte aber derselbe Johann, König v. Böhmen, mit Elisabeth der Königin mich seinen erstgebornen Sohn mit Namen Wenzel. . . .	Genuitque idem Johannes rex Boemie cum Elyzabeth regina primogenitum suum, nomine Wenceslaum. —
6) J biese mezi radcemi jeho jeden muz mudry, Petr opat Fiskanensky, Lemowickeho pokolenie, clowek umluwny, recny a uceny, a wsemi slechetnymi obyceji okrasleny. Ten w stredu w popelecnu prwnieho leta krale Filipowa tak rozumne kaza, ze ode wsech biese chwalen. A ja bech u dwora toho jisteho krale Filipa, jehozto sestru jme-	Und es war unter seinen Räthen ein weiser Mann, Peter Abt von Fiskan, aus dem Geschlecht Lemao, ein beredter, sprachgewandter, und gelehrter Mann und mit allen adeligen Sitten geschmückt. Der predigte an der Aschermittwoch im ersten Jahre des Königs Philipp so verständig, dass er von allen gelobt wurde. Und ich war am	Fuitque unus inter consiliarios suos, vir prudentissimus, Petrus abbas Fiscanensis, nacione Lemovicensis, homo facundus et litteratus, omnique morum honestate circumseptus, qui in die cinerum anno primo regni Philippi missam celebrans, sic industriose predicavit, quod ab omnibus fuit commendatus.

6) Wybor II. p. 510. Böhmer II. p. 235.

Böhmisch.	Deutsch.	Lateinisch.
jich po smrti dreweceneho Karla krale, s nimzto jsem byl pet let. J libiese se mi drewereceneho opata rec nebo mluwenie na tom kazani, ze tak welike oswiecenie jmel jsem w nabozenstwie, slyse jeho a hlede nan, ze sam w sobe jech se mysliti, rka: Co jest to, ze mi se tak welika milost wlewa od toho cloweka? J wzach potom jeho znamost; jenz me welmi milostiwe a jakzto otec kochase, z swateho pisma casto me uce. 7) A w ty casy umrelo jest knieze Korutanske, test bratra naseho. A kdyz bratr nas jmejiese se w drzenie uwazati kniezestwie Korutanskeho a hrabstwie Tyrolskeho po	Hofe dieses Königs Philipp, dessen Schwester ich hatte, nach dem Tode des bereits erwähnten Königs Karl, mit dem ich lebte fünf Jahr. Und es gefiel mir des oben erwähnten Abtes Rede oder Sprache bei dieser Predigt, dass ich eine so grosse Erleuchtung gehabt habe in der Religion, hörend ihn und sehend auf ihn, dass ich in mir anfing zu denken, sagend: Was ist das, dass sich mir eine solche grosse Zuneigung einflösst Betreffs dieses Menschen? Und ich machte dann seine Bekanntschaft; welcher mich sehr zärtlich und wie ein Vater liebte, aus der heiligen Schrift mich öfters unterrichtend. Und zu dieser Zeit starb der Her-	Ego vero eram in curia predicti regis Philippi, cujus sororem habebam, post mortem predicti Karoli, cum quo fueram quinque annis. Placuit autem michi predicti abbatis facundia seu eloquencia in eodem sermone, ut tantam contemplacionem haberem in deuocione ipsum audiens et intuens, quod intra me cepi cogitare, dicens: Quid est quod tanta gracia michi infunditur ex homine isto? Cepique demum sui noticiam qui me multum caritatiue ac paterne confouebat, de sacra scriptura me sepius informando. Et in illis diebus mortuus est dux Karinthie, socer fratris nostri. Et cum frater noster debuisset accipere possessionem du-

7) Wybor II. p. 529. Böhmer II. p. 849.

Böhmisch.	Deutsch.	Lateinisch.
smrti jeho: tehda byl ucinil tajemne swazanie Ludwik, jenz se nazywase ciesarem, s wewodami Rakuskymi, to wez s Albrechtem a s Ottu, aby rozdelili panstwie bratra naseho, tajemne a lstiwe chte ten Ludwik mieti hrabstwie Tyrolske, a kniezata Rakuska kniezetstwie Korutanske. A tak zapomenuw Ludwik, jakzto newdecny, sluzby otce naseho, jezto jemu jest byl ukazal, kdyz stase po ciesarstwie, jakzto prwe psano jest; wewoda pak Rakusky, kterakzkoliwek sestru nasi jmiejiese, ihned po smrti kniezete Korutanskeho ti jisti skrze smluwu, jizto su meli tajemne se panem z Aufsteina, jenz biese wladarem od kniezete wsech Korutan, ihned meli su Korutany, jichzto ten jisty	zog von Kärnthen, der Schwiegervater unsers Bruders. Und als unser Bruder wollte in Besitz nehmen das Herzogthum Kärnthen und die Grafschaft Tyrol nach seinem Tode: da hatte gemacht eine heimliche Verbindung, Ludwig, der sich Kaiser nannte, mit den Herzögen von Oesterreich, nämlich mit Albrecht und Otto, um die Herrschaft unsers Bruders zu theilen, denn heimlich und hinterlistig wollte Ludwig die Grafschaft Tyrol haben, die Herzöge v. Oesterreich aber das Herzogthum Kärnthen. Und so hatte Ludwig als ein Undankbarer vergessen die Dienste unsres Vaters, welche ihm derselbe erwiesen hatte, als er sich um die Kaiserwürde bewarb, wie vorher geschrieben ist; der	catus Karinthie et comitatus Tyrolis post mortem ipsius: tunc fecerat occulte ligam Ludovicus qui se gerebat pro imperatore cum ducibus Austrie, Alberto videlicet et Ottone, ad dividendum dominium fratris nostri occulte et false, volens idem Ludovicus habere comitatum Tyrolis, duces vero ducatum Karinthie; immemor Ludovicus et ingratus serviciorum patris nostri que sibi exhibuerat in adepcione imperii, prout supra est scriptum. Dux vero Austrie, licet sororem nostram haberet, statim post obitum ducis Karinthie predicti per conspiracionem habitam secreto cum domno de Aufsteyn qui erat capitaneus ex parte ducis tocius Karinthie, statim cum fratre suo

Böhmisch.	Deutsch.	Lateinisch.
z Aufsteina s bratrem swym jim swobodne dal, a drzenie tem jistym wzdal; a tak bratr nas ztrati Korutanske kniezetstwie. Ale ti z hrabstwie Tyrolskeho nechtechu se poddati Ludwikowi, nez ostachu w poslusenstwie bratra naseho.	Herzog von Oesterreich aber, welcher unsere Schwester hatte. Dieselben nahmen sofort nach dem Tode des Herzogs von Kärnthen durch Uebereinkunft, welche sie heimlich getroffen mit dem Herrn von Aufstein, Regenten des Herzogs von ganz Kärnthen, alsogleich Kärnthen ein, welches ihnen derselbe von Aufstein mit seinem Bruder freiwillig überliess und ihnen in Besitz übergab. Und so verlor unser Bruder das Herzogthum Kärnthen. Aber die von der Grafschaft Tyrol wollten sich nicht an Ludwig ergeben, sondern blieben unter der Botmässigkeit unsers Bruders.	habuerunt Karinthiam, quam idem de Aufsteyn eis libere tradidit ac possessionem eam dedit. Et sic frater noster perdidit ducatum Karinthie. Illi vero de comitatu Tyrolis noluerunt se subdere Ludovico, sed permanserunt in obediencia fratris nostri.

Wir theilen nun noch einige Sätze aus dem II. Theile der Selbstbiographie, welcher **nicht** von **Karl IV.** verfasst ist, (s. Cap. VI.) mit:

Böhmisch.	Deutsch.	Lateinisch.
8) Po malem casu kral Jan, a markrabe Morawske do Cech bechu se wratili. A kral Jan wseho kralowstwie Ceskeho wladarstwie dal w ruce Karlowe, ale tiemto cinem, aby Karel dal krali Janowi pet tisic hriwen hotowych penez; a tak aby take kral Jan nemel we dwu letu na bydlo do Cech prijeti, ani w tech letech kterychz koliwek penez od kralowstwie potrebowati.	Nach kurzer Zeit waren der König Johann und der Markgraf von Mähren wieder nach Böhmen zurückgekehrt. Und König Johann gab die Regierung vom ganzen Königreich Böhmen in die Hand Karl's, aber mit der Bedingung, dass Karl dem König Johann gebe 5000 Mark baar Geld, und so dass auch der König Johann nicht solle in zwei Jahren seinen Wohnsitz in Böhmen nehmen und in diesen Jahren keinerlei Geld vom Königreich verlangen.	Post aliquantulum temporis Johannes rex et Karolus in Boemiam fuerunt reuersi. Et rex Johannes tocius regni administracionem tradidit in manus Karoli, hac tamen conditione interposita, quod ipse Karolus deberet regi Johanni V. milia de parata pecunia ordinare, et quod ipse rex Johannes non deberet infra duos annos ad manendum in Boemiam venire, nec infra dictum terminum aliquam pecuniam a regno postulare.
Ty jiste penieze, welmi brzo skrze Karla dobyte, kral Jan wzaw, taze do Francie 9). Po jehozto wyjeti Karel markrabe Morawsky scastne, opatrne a mudre	Dieses Geld, sehr bald von Karl zusammengebracht, nahm König Johann und zog nach Frankreich. Nach seinem Weggange regierte Karl Markgraf von Mähren	Hanc quidem pecuniam sibi per Karolum celeriter conquisitam accepit et in Franciam secessit. Post cuius recessum Karolus feliciter et satis industriose regni ges-

8) Wybor II. cap. 15. S. 564 beim Jahr 1341. Böhmer p. 264.
9) 1342.

Böhmisch.	Deutsch.	Lateinisch.
zprawowal kralowstwie. A cozkoliwek bylo zkazeno nebo zruseno, toho wseho polepsil a ku prawemu stawu zposobil a nawratil.	glücklich, umsichtig und weise. Und was irgend verdorben oder verschleudert war, das Alles verbesserte er und setzte es in den rechten Stand und erlangte es wieder.	sit gubernacula, et queque dissipata et distracta reuocando in statum debitum disposuit ac reduxit.
10) Potom pak k tomu prislo, ze Ludwik z Bawor ..... chtelby dati zemi Luznicku, to wez mesta Zhorelec a Budisin	Hierauf kam es dazu, dass Ludwig von Baiern .... das Land Lausitz, das ist die Stadt Görlitz und Budissin geben wollte.	Tandem ad hoc deuentum extitit quod Ludovicus de Bavaria .... vellet dare terram Lusatie, ut pote Gorlitz et Budissin civitates.
11) A tak i hned wolenci na wolenie sedse, Karla markrabi Morawskeho kralem Rimskym scastnym osudem zwolichu.	Und auf diese Art und sogleich die Wähler zur Wahl sich setzend, erwählten Karl den Markgraf von Mähren zum Römischen König unter glücklichem Geschick.	Et sic statim electores ad electionem procedentes, Karolum marchionem Moravie in regem Romanorum felicibus auspiciis elegerunt.

Tuto se dokonawa ziwot toho slechetneho ciesare, az do jeho korunowanie na Rimske kralowstwie. | Hier endigt sich das Leben des edlen Kaisers bis zu seiner Krönung für das römische Königthum.

10) Wybor II. c. 19. p. 572. Böhmer p. 267.
11) Wybor II. c. 20. p. 574. Böhmer II. p. 270. zum Jahr 1346.

Cap. V.
Abfassungszeit der Selbstbiographie.

In der Dissertation: „De vita Caroli IV. imperatoris ab ipso Carolo conscripta", c. 5., ist versucht worden, über diese Frage etwas Bestimmtes zu Tage zu fördern. Gestützt auf die verschiedenen Lesarten des Anfanges der Handschriften wurden dort Folgerungen gezogen, die aber falsch sind, da die Unterlage an sich ungenau war. Die Lesart: „Secundis" berechtigt nicht zu den daraus hergeleiteten Schlüssen, die Abfassungszeit falle c. ins Jahr 1370. Ueberdies ist es nicht möglich zu entscheiden, ob die Vorrede an die Söhne überhaupt gerichtet ist, sie kann auch an die Nachfolger schlechthin sein, und nichts berechtigt dazu bestimmt, da in der ganzen Vorrede kein Wort von dem Verhältniss eines Vaters zu Söhnen erwähnt ist. Die übrigen Hypothesen, welche an obiger Stelle aufgestellt sind, haben auch nicht mehr Wahrscheinlichkeit für sich.

Nur die Zeit, wo das Buch schon geschrieben war, sind wir im Stande festzustellen.

Wir werden unten darauf zurückkommen, dass Benesch v. Weitmil die Selbstbiographie in dem vierten Buche seiner Chronik benutzt habe. Wir brauchen demnach nur auf den Todestag des Benesch zurückzukommen, um mit Bestimmtheit die Vollendung der Selbstbiographie zu kennen. Es steht fest[1]), dass Benesch v. Weitmil am 27. Juli 1375 starb, mithin ist die Selbstbiographie nicht unmittelbar in den letzten Lebensjahren des Kaisers geschrieben worden.

Vielleicht ist das Büchlein im Jahre 1373 zu Tangermünde abgefasst, wo er sich damals aufhielt und die Nachricht[2]), er habe aus der Mark Brandenburg für Pulcawa eine Chronik jener Provinz mitge-

---

1) Palacky, Böhm. Geschichtsschreiber, (mit Vorgang Dobrowsky's), p. 164.
2) Palacky, ebendaselbst, p. 166.

bracht, könnte, aber nur leise, die Vermuthung anregen, der Kaiser habe sich zu jener Zeit mit Geschichte beschäftigt und deren Darstellung.

Palacky sagt in den Geschichtsschreibern Böhmens p. 298, er glaube das Buch sei im Jahre 1363 abgefasst. Wir haben nirgend eine Notiz zu diesem Schlusse gefunden, ausser in der Bemerkung bei Beschreibung der Ausgabe des Reineccius, dass bei jener Handschrift die Zahl 1363 gestanden habe. Hier würde es nun hauptsächlich auf die Einsicht der Handschrift ankommen.

Cap. VI.
Inhalt der Selbstbiographie.

Die Selbstbiographie enthält auch einige theologische Stellen. Der Kaiser nämlich ermahnt im Anfange des Büchleins seine Nachfolger (Wenzel und Sigmund?), sie möchten die auf sie zu vererbenden Reiche klug verwalten [1]); in der Mitte des Werkes fügte er eine Predigt über Evang. Matthaei XIII. 44—47. bei, welche zwar in den bis jetzt bekannten Handschriften, wenige Worte abgerechnet, ausgelassen, bei Benesch v. Weitmil aber der Nachwelt aufbewahrt ist. In Cap. XII. werden wir diese theologischen Brosamen zusammenstellen.

Es sind alle Schriftsteller darüber einig, dass nicht die ganze Selbstbiographie, wie sie auf uns gekommen, literarisches Eigenthum unseres Autors ist [3]). Diese Arbeit eines unbekannten Schriftstellers beginnt vom Jahre 1341 an mit den Worten: „Ibidem ex nostris multi fuerunt vulnerati" und schliesst beim Jahre 1346 mit der Nachricht über Karl's Königswahl.

Bei genauer Vergleichung der ersten Haupthälfte des Werkes mit dieser kleineren Hälfte finden wir folgende Abweichungen.

---
1) Böhm. II. 229—231.
2) Pelzel et Dobrowsky II. II. p. 315—325.
3) Palacky, Gesch. von Böhmen II. 2. p. 245. Note 309. Böhm. II. p. 264. N. 2. Wybor II. p. 564.

Während früher **Karl** seine Erlebnisse in der ersten Person erzählt, kommt im zweiten Theile nur die dritte Person vor. Anstatt: „frater meus, pater meus, pater meus Johannes, mater mea, soror mea, soror nostra" liest man im zweiten Theile: „Johannes rex, Carolus ff." Während im I. Theile niemals ein Urtheil über das Geschehene steht, wird in der zweiten Hälfte sehr oft eine derartige Betrachtung laut. Während **Karl** nur einfach die Erlebnisse und Thaten an einander reiht, ist bei dem unbekannten Autor das Bestreben auffallend die Nachrichten in einen künstlichen Zusammenhang zu bringen, einen schön ausgeschmückten Styl zu zeigen. Bei dieser Gelegenheit werden mehrere Verwechselungen und Entstellungen auffällig, z. B. gehören die Nachrichten, welche unterm Jahr 1345 erzählt sind, bereits in die Zeit vor 1341—1343 [4]). Die Bemühung nach schönem Styl veranlasst den Unbekannten Reden einzuflechten [5]). Sehr viel Wichtiges findet sich ausgelassen, weshalb das IV. Buch des **Benesch** besser zur Benutzung sich eignet vom Jahre 1341 an, als dieser **Karl** untergeschobene Theil der Selbstbiographie.

Am auffälligsten ist ein grobes Versehen, welches sich der sachverständige **Karl IV.** gewiss nicht hätte zu Schulden kommen lassen. In dem zweiten Theile findet sich nämlich folgende Stelle. Es ist die Rede vom Austausch der Lausitz gegen Tyrol Seitens **Kaiser Ludwig's des Baiers** und dort lauten die Worte: „**Tandem ad hoc deventum extitit, quod Ludovicus de Bavaria se ad hoc detulit, quod regi Johanni et filio suo, qui de dominiis suis, ut prefertur relegatus, exliteral, vellet dare terram Lusatie ut pote Gorlitz et Budissin civitates, que cum totis dominiis et universis suis pertinentiis regno Boemie incorporari debeant, totis futuris temporibus permansure**" [6]).

---

4) Böhmer II. p. 268. Note 1.
5) Böhmer II. p. 266. 267.
6) Böhmer II. p. 269.

Niemals waren die Städte **Görlitz** und **Bautzen** Kaiser **Ludwig IV.** unterworfen; er hat nur die Niederlausitz im Besitz gehabt[7]). Was nun aber noch den **Namen** anbetrifft, so ist das mit den Städten Görlitz und Bautzen verbundene Gebiet im Jahre 1343 noch nicht **Lausitz** genannt worden, und kommt auch in dieser Zeit in Urkunden niemals so vor. Die Bewohner desselben nannten sich selbst: Serb, die Niederlausitzer aber: Luzican oder Luzicanski Serb, während das **Gebiet**, sechsstädtisches (von den Städten Bautzen, Görlitz, Zittau, Löbau, Lauban, Kamenz), oder jenseits der Berge (wegen des böhmisch-lausitzischen Gebirgszuges), oder: Oberland und Niederland genannt wurde[8]). Der Name „Lausitz" für diese Gegenden, dessen Existenz Neumann[9]) mit Unrecht vor dem Jahre 1466 gänzlich leugnet, kommt zum Jahre 1390[10]) das erstemal vor, war aber im Jahre 1450 noch so ungewöhnlich, dass ein saganer Abt bei **Stenzel**[11]) noch schreibt: Anno hoc, videlicet 50 grandis pestilencia Lusaciam ac civitates superiores una cum opido Saganensi perculit.

Dieses Verfahren ist ein schlagender Beweis dafür, dass Karl IV. jenen Theil nicht bearbeitet hat, denn der gelehrte, rechts- und länderkundige Kaiser, war sicherlich nicht im Stande, so falsche Angaben zu machen.

Wir wollen nun zur Inhaltsangabe des Buches übergehen, welche demnächst einestheils Nachrichten bringen wird, welche von **Karl IV.**, und Nachrichten, welche von dem fremden unbekannten Autor niedergeschrieben sind.

Nachdem **Karl IV.** seine Voreltern erwähnt, seine Eltern genannt, erklärt er die Veranlassung, durch welche sein Vater **Johann** die böhmische Krone er-

---

7) **Köhler**, der Bund der Sechsstädte in der Oberlausitz, e. Jubelschrift. Görlitz 1846. kl. fol. p. 39. Anm. 1.
8) N. L. Magazin, 20. Bd. Görl. 1842. p. 49 ff.
9) Gesch. der Landstände in der Niederlausitz. I. Lübben 1843. p. 17.
10) Oberl. Urkundenverzeichniss, t. I. p. 131.
11) Catal. abb. Saganensium, in Scriptt. rer. Silesiacarum. I. p. 319.

hielt, und führt dann seinen Geburtstag an, eine Schilderung der in Paris verlebten Knabenjahre beifügend. Bei Gelegenheit des Aufenthaltes in Frankreich schildert er den Zwiespalt der Königin Isabella von England mit ihrem Gemahle und den blutigen Ausgang desselben (p. 234). Deutschlands Lage im Jahre 1330, wo er auf seines Vaters Befehl, Frankreich verlassend, durch Deutschland nach Italien reist (p. 235). Die Zustände Italiens werden weitläufig behandelt; man betrachtete ihn dort mit so grossem Hass Seitens einer Partei, dass nur der Zufall den 16jährigen Jüngling vor einer Vergiftung rettete. Karl erhält von seinem Vater den Oberbefehl über die Lombardei und als Rathgeber den Grafen Ludwig von Savoyen. Im Jahre 1332 bricht ein Aufstand aus. Karl, vom Feinde umringt, von dem verrätherischen Ludwig v. Savoyen verlassen, besiegt die Feinde glücklich beim Kastell St. Felix (p. 237—239). Doch waren die Folgen dieses Kampfes nicht so gross als man hoffte; die Zahl der Gegner wuchs, das ganze Land stand auf und so fasste denn im Jahre 1333 König Johann den Entschluss, Italien ganz aufzugeben. Demnächst kehrte Karl nach elfjähriger Abwesenheit in die Heimath nach Böhmen und Prag zurück, von welcher Stadt aus sein unstäter Vater ihm das Königreich Böhmen zur Verwaltung übergab (p. 247), bei der sich der Jüngling als sehr eifrig und gewandt bewies: doch tauchten Feinde auf, denen die Ordnung des finanziellen und Rechtszustandes im Königreich Böhmen ein Greuel war, da sie dadurch an Einfluss verloren und in Folge mehrfacher, boshafter Verleumdungen nahm der zurückgekehrte Johann die Leitung Böhmens und Mährens seinem Sohne wieder ab (p. 249). Verlust von Kärnthen (248). Karl begleitete seinen Vater auf dem Kriegszuge gegen Bolko von Münsterberg und den Herzog von Schweidnitz (p. 250), nach dessen Beendigung ihm die Leitung einer Gesandtschaft anvertraut wurde, welche nach Ungarn abging, um dort zwischen König Johann v. Böhmen und König Kasimir v. Polen einen Friedensschluss herbeizuführen, was auch mit glücklichem Erfolge gekrönt wurde. Aus Ungarn befahl ihm sein

Vater nach Tyrol zu gehen, was von italienischen Truppen bedroht wurde im Jahre 1336, während König Johann, zur Unterstützung seines Schwiegersohns Heinrich von Baiern herbeigeeilt, letzteres Land gegen die Angriffe Kaiser Ludwig's des Baiers und der ihm verbündeten Herzöge von Oesterreich vertheidigte (p. 252). Nachdem er noch Theilnehmer an dem im Jahre 1337 verunglückenden Zuge nach Litthauen gewesen war, begiebt er sich im Monat April desselben Jahres zu einem Einfall in die Lombardei, wird von den Venetianern beinahe gefangen, entkommt jedoch glücklich und schlägt seine Feinde im Sommer (p. 254—256). Er vergisst nicht, sich über die Treulosigkeit Ludwig's des Baiers zu beklagen, schildert seine Fehde in Schlesien (p. 259) und schildert eine Reise durch Baiern und Luxemburg, im September 1339 unternommen. Mit Erzählung mehrerer Verhältnisse in Bezug auf Baiern und Tyrol, sowie eines zum Schutze des Patriarchen v. Aquilega unternommenen Kriegszuges schliesst der Karl IV. eigenthümlich angehörende Theil des Werkes.

Der uns unbekannte Verfasser des zweiten Theiles der Selbstbiographie beginnt damit Karl's Thätigkeit während der Abwesenheit seines Vaters als Regent von Böhmen zu loben. Er erzählt den Feldzug gegen die heidnischen Litthauer, den während desselben zwischen dem König v. Ungarn und Grafen von Holland ausgebrochenen Zwist, sowie den Seitens des Königs Kasimir gefassten, aber durch Karl's Schlauheit vereitelten Plan, Karl gefangen zu halten (p. 265 u. 266). Kasimir fällt in Schlesien ein, nachdem er einen Bund gegen König Johann und dessen Sohn geschlossen, wird aber von König Johann, welcher durch den Enthusiasmus des ritterlichen böhmischen Adels Unterstützung bekommt, in seinem Lande angegriffen und die von ihm gestellten Friedensbedingungen angenommen (p. 266—268). Der Vorschlag Ludwig's, für Tyrol die Lausitz einzutauschen, wird nicht angenommen, da weder Karl noch sein Bruder Johann mit ihrem Vater darüber einig werden können (s. S. 33). Mit der Nachricht, dass König Johann nach Avignon gereist und Karl zum deutschen Könige gewählt sei, schliesst das Büchlein.

Cap. VII.
Glaubwürdigkeit der Selbstbiographie.

Bevor wir uns zur Kritik des Buches wenden, ist est nöthig, dass vorerst untersucht werde, welche Chroniken der Schriftsteller gemeint haben könne, wo er sich auf eine böhmische und römische Chronik bezieht [1]).

Sechs böhmische Chronisten bringen Nachrichten aus jener Zeit, wo Karl diese unbekannte Chronik erwähnt. Die Chronik des Peter Abt von Königssaal[2]), auch Petrus von Zittau, des Domherrn Franz von Prag[3]) des Neplach Abtes von

---

1) Böhmer II. S. 233. 235. 236.
2) Geboren in dem damals böhm. Zittau zwischen 1260 u. 1270 scheint derselbe bald in das damals neugestiftete Cistercienser-Kloster Königsaal in Böhmen eingetreten zu sein, und wurde am 11. Septbr. 1316 zum dritten Abt dieses Klosters gewählt. Er setzte die bereits vom zweiten Abte begonnene Chronik von Königssaal fort, indem er, wie ihm gut schien, Aenderungen machte. Die Chronik ist in 3 Bücher getheilt. Das erste umfasst 131 Capitel, vom Jahre 1253—1316 reichend; das zweite geht von 1317—1333, das dritte bis zum Jahre 1338. Petrus, seiner Chronik nicht blos Klösterliches, sondern sehr wichtige Nachrichten zur deutschen und italienischen Geschichte beigebend, zeigt grosse Wahrheitsliebe. Seine Chronik ist um so wichtiger, als er meist nur selbsterlebtes schildert und selbst versichert mit unverfälschter Wahrheitsliebe geschrieben zu haben (Chron. Aul. Reg. II. p. 21. Palacky, böhm. Geschichtsschreiber, p. 120 ff.).
3) Franz, ein Presbyter an der prager Cathedrale soll zu den Zeiten König Johann's u. Karl's IV. gelebt haben. Von seiner Chronik (s. Pelzel u. Dobrowsky, scriptt. rer. Bohem. II. p. 1 sqq.) gibt es zwei Bearbeitungen. Die erste ist Johann (IV.) Bischof von Prag, die zweite (24 Capitel mehr als die erste enthaltend) Karl dem Kaiser gewidmet. Fast der grösste Theil dieser Chronik ist aus dem Königssaaler Werke bis zum Jahre 1336 beinahe wörtlich abgeschrieben und nur einige Notizen über den Bischof Johann sind darüber vorhanden. Das dritte Buch allein enthält einige eigenthümliche Nachrichten. Palacky a. a. O. p. 138 ff.

Opatowice⁴), des Marignola⁵), Pulkawa⁶), Benesch von Weitmil⁷).

Dass die Schriften des **Franz, Neplach** und **Marignola** bei Erwähnung jener **böhmischen Chronik** nicht gemeint sein können, geht aus den Schriften selbst hervor. **Franz** nämlich hat in seiner Chronik, welche oft allein auf des Abtes von Königssaal Jahrbücher sich stützt, den König **Johann** von Böhmen, **Karl's** Vater, mit vielen Schmähungen überhäuft, weil er das Lob des Bischofs **Johann** von Prag preist, in der zweiten **Karl** selbst gewidmeten Bearbeitung aber diesen Fürsten auf Kosten seines Vaters fast bis in den Himmel erhoben. **Karl** beweist aber in seiner Erzählung eine solche kindliche Pietät gegen seinen Vater, dass er sich gewiss auf jene Schmähschrift nicht gestützt hat⁸).

Was **Neplach** und **Marignola** anbelangt, so sind ihre Erzählungen so schlecht aufgefasst, ihre Nachrichten so unrichtig, entstellt und verworren, dass der sehr urtheilsfähige **Karl IV.**, der dies noch mehr zu bemerken im Stande war, beide sicherlich nicht gemeint hat. Dass die Chronik von Königssaal bei dieser Untersuchung weit bedeutungsvoller sei, geht aus **Böhmer's** Anfrage (Fontes I. Vorrede XXIV.) hervor. Doch musste diese Chronik, welche so vieles enthält, das dem König **Johann** zur Schande gereicht, überdies noch als Grundlage der Schmähschrift des **Franz von Prag, Karl IV.** abstossen. Hätte diese Chronik wirklich seinen Beifall gehabt, dass er sie

---

4) Neplach, im Jahre 1312 geboren, war in seinen letzten Lebensjahren Abt des Klosters Opatowice und scheint 1371 gestorben zu sein. Seine von Christi Geburt bis in die Mitte des 14. Jahrh. gehende Chronik enthält fast gar nichts brauchbares für die Zeitgeschichte. Ueber den Text schwebt man noch in Zweifeln. Palacky a. a. O. 155 ff. Pez, scriptt. rer. Austr. II. 1005—1042. Dobner, monum. hist. Boh. IV. p. 95—129.
5) s. c. I. Note 25. Seine vom Anfang der böhmischen Geschichte bis auf Karl IV. gehende Chronik enthält mehr für die Beschreibung Asiens als für die böhmische Geschichte Brauchbares.
6) s. Cap. I. Anm. 26. 27.
7) s. Cap. VIII.
8) Palacky a. a. O. 151. 152.

als: „Cronica Boemorum" schlechthin erwähnte, so würde er nicht noch nach deren Vollendung so viele Männer zur Geschichtsscreibung über Böhmen aufgefordert haben. Dass Pulkawa nicht gemeint sein kann, scheint mir aus einer dem besten Codex dieses Autors beigefügten Anmerkung hervorzugehen, wonach erst im Jahre 1374 [9]) Pulkawa zur Abfassung derselben veranlasst wurde, zu einer Zeit, wo die Selbstbiographie sicherlich bereits niedergeschrieben war.

Wenn wir nicht annehmen wollen, dass jenes „Chronicon Boemorum" entweder bis jetzt noch nicht aufgefunden oder gänzlich verloren gegangen sei, so bleibt von allen genannten Schriftstellern nur Benesch von Weitmil übrig. Hierauf können nur die ersten 3 Bücher bezogen werden; denn das vierte, worüber im 8. Capitel gehandelt werden soll, ist nach Abfassung der Selbstbiographie erst geschrieben. Vergleicht man nun das zweite und dritte Buch des Benesch mit dem vierten Buche, so geht daraus hervor, dass dieselben der Abfassung des vierten weit vorangehen. Es scheint mir die Ueberschrift des zweiten Buches: „secundum intentionem imperatoris scripta" mehr zum schon genannten vierten als zweiten Buche zu gehören. Die Sache scheint meiner Ansicht nach so zu liegen. Karl IV., welchem die Schreibart des Benesch gefiel, gab ihm die Selbstbiographie zu dem Zwecke in die Hand, dass er aus derselben die im zweiten und dritten Buche eingeschlichenen Irrthümer und Fehler in einem vierten Buche verbessere. So nur ist es zu erklären, dass das zweite und dritte Buch in vielen Beziehungen bedeutend vom vierten Buche abweichen. Im vierten Buche sind alle Nachrichten genauer, weitläufiger und glaubwürdiger geschildert. Aus allen diesen Notizen möchte ich die Folgerung ziehen, dass jene Bemerkung „Cronica Boemorum" auf Benesch von Weitmil hinführe.

Ueber die angeführte „Chronica Romanorum" wage ich keinen Schluss zu machen. Wenn Böhmer (a. a. O.) an einen Fortsetzer des Martinus Polonus denkt, so scheint mir dieser Satz schwer zu begründen. Wir

---

[9]) Dobner II. III. 65. Palacky II. 174.

haben den Fortsetzer des Martinus Polonus [10]) — weil Karl den Pulkawa bei der Abfassung seiner Chronik unterstützte —, mit Pulkawa verglichen [11]), aber keine solche Uebereinstimmung der Nachrichten gefunden, um, wie Böhmer vermuthet, folgern zu können.

Um unser Urtheil über die Glaubwürdigkeit Karl's IV. fest zu begründen, haben wir die Selbstbiographie, insbesondere in Bezug auf die wichtigen italienischen Verhältnisse, mit allen gleichzeitigen Schriftstücken und auch den unmittelbar darauf folgenden Chroniken verglichen, so mit Johannes Villani, Gualvaneo de la Flamma, den Cortusiern, Ludovico Monaldesko, Bonincontro Morigia, Johannes von Cornazanis, den Annalen v. Cesena, Jakobo Malvecio; für die deutschen Angelegenheiten mit: Johann von Victring, dem Fortsetzer des Martin v. Polen, Albert v. Strassburg, Heinrich v. Rebdorff, Wilhelmus Egmundanus. Wir sind dabei zu dem Ergebniss gekommen, dass der Erlauchte fast nur das niederschrieb, was er selbst erlebte, und immer wahrheitsgetreu war auch bei Schilderung von Angelegenheiten, welche ihn aufs Empfindlichste kränken und berühren mussten.

Wenn er bei einigen ihn bitter kränkenden Angelegenheiten, wie z. B. dem kärnthen'schen Erbfolgestreit [12]), auf Ludwig den Baier seine Galle ausgiesst, so hat er doch keine Entstellung der Wahrheit sich zu Schulden kommen lassen, wie Mannert in seiner Lobrede auf Kaiser Ludwig den Baier. Dass er diesen Fürsten nie anders wie: „Ludovicus Bavaricus qui se imperatorem nominavit" (p. 166), oder: „qui se scripsit Ludovicus quartus", oder: „qui se gerebat pro imperatore" genannt hat,

---

10) Eccard, corpus historicum. t. 1.
11) s. Neumann, Diss. inaugur. de vita Caroli IV. imperatoris ab ipso Carolo conscripta. Gorlit. 1847. gr. 8. p. 20. Note 21).
12) Comment. p. 248. Job. Victoriens. II. p. 419. Alb. Argent. p. 419. Cont. Mart. Poloni, p. 1450. Raynald II. Olenschläger II. p. 261. Palacky, p. 215. (Gesch. Böhmens). Mannert, Leben Kaiser Ludwig's des Baiers 1812.

kann man ihm nicht verdenken, weil Karl beständig mit ihm im Kampfe um das Reich lag und von jenem mit ähnlichen Ehrentiteln beschenkt wurde. Unter solchen Umständen muss es sehr anerkannt werden, dass Karl IV. keine Entstellung der Geschichte vorgeworfen werden kann.

Demnach ist die Selbstbiographie mit die beste Quelle für die Zeit von 1330—1341 in der italienischen und deutschen Geschichte. Natürlich müssen einige Ergänzungen aus gleichzeitigen Autoren gemacht werden; jedesmal aber sind Karl's Nachrichten vorzuziehen, wenn eine Uebereinstimmung fehlt. Wenn er den Streit der Franzosen und Engländer zum Jahre 1326[13]) erwähnt, so darf man nicht vergessen, dass Karl damals am Hofe zu Paris weilte. Seine Einfachheit und Treue der Darstellung geht so weit, dass er seine eigenen Fehler nicht verschweigt[14]).

Es darf uns nicht wundern, dass er für die Geistlichkeit sehr eingenommen ist, da er fast von Jugend an in geistlichen Händen gewesen ist. Er spricht sehr gern von ihnen (p. 253) und erwähnt, dass er bei den Priestern sehr geschätzt ist. Deshalb glaubt er sich auch unter besonderem Schutz der Heiligen (239. 240.). Seine Verehrung des Priesterstandes geht jedoch nicht so weit, dass er ihnen zu Gunsten eine Unwahrheit spräche. Er verhehlt nicht, wenn auch wider Willen, in Breslau mit anwesend gewesen zu sein, als sein Vater König Johann den widerspenstigen Bischof Nanker aus seinem Bischofssitze vertrieb (p. 259). Der Hang zum Geistlichen, dann Ueberirdischen veranlasst ihn an Visionen zu glauben, von denen zweierlei, eine zu Tarencz in Italien (244.

---

13) Comment. II. p. 234. Guilelmus de Nangis, 1326, bei Bouquet, script. XX. Paris 1840. Wilhelm mon. et imperator Egmundanus 1325. II. II. p. 648. Schmidt, Gesch. von Frankreich, I. p. 761.

14) Quid plura? juxta Regis voluntatem castrum sibi traditur, Regina cum pueris aliis in Melnyk ducitur. Sed Wenceslaus, alias Karolus, Primogenitus quarto anno aetatis suae ibidem in Cubitu, in dira custodia ponitur per duos menses in cellario, ita ut videret lumen nisi per foramen. Benesch de Weitmil. II. p. 241.

245.), die andere aus der Königsburg Prag von ihm erzählt werden (p. 249).

Wahrhaft zart zeigte sich Karl gegen seinen Vater, der ihn wahrlich nicht mit grosser Güte behandelte. Ich mache hier aufmerksam auf die Qualen, welche ihm aus blossem Verdacht, den sein Vater gegen die Königin Elisabeth hegte, bereitet wurden; ebenso auf die grundlose Enthebung der Statthalterschaft über Böhmen und Mähren, in deren Folge sogar körperliche Entbehrungen von dem Königssohn erlitten wurden[15]). Ueber Ersteres schweigt er ganz; letzteres wird nur ganz leise berührt.

Cap. VIII.
Das Verhältniss der Selbstbiographie zum 4. Buche des Benesch von Weitmil.

Nachdem wir, so viel wir vermocht, alles, was zur Selbstbiographie und ihrer Glaubwürdigkeit gehört, genau erwogen, bleibt uns hier nur noch nothwendig einiges darüber zu sagen, welche Beziehungen die Selbstbiographie zu der Chronik des Benesch von Weitmil einnimmt. Benesch Krabice v. Weitmil nämlich, Priester an der prager Domkirche, benutzte die Selbstbiographie bei Abfassung des 4. Buches seiner Chronik von Böhmen. Er lebte zu der Zeit Karl's IV. und ist zweifellos im Jahre 1375 gestorben. Seine Chronik sollte sich anreihen den Schriften des Cosmas nebst Fortsetzern und handelt im 4., dem merkwürdigsten Buche, bis zum Jahre 1374, weitläufig über die Thaten und das Leben Kaiser Karl IV., hat jedoch theils mit Abkürzung theils mit Ergänzung der Nachrichten offenbar die Selbst-

---

15) Factum est ergo, ut ipse Carolus cum conjuge et familia sua multum egerent, et vitam ducerent humiliorem quam filium Regis decebat. Et quamvis in magna penuria ac pauperie multo tempore existeret, nihil tamen contra Patrem egit vel fecit toto tempore vitae ejus, sed omnia sustinuit patienter. Benes. lI. IV. p. 309. Comment. p. 248. 249.

biographie vor Augen gehabt¹). Es ist von Wichtigkeit für die Forschung der Geschichte jener Zeit, die Schilderungen beider gleichzeitig in der Mitte des Strudels der Begebenheiten lebenden Schriftsteller zu vergleichen und ihr wechselseitiges Verhältniss zu constatiren.

Stellen wir nun diese Vergleichung in ihrem Ergebniss zusammen, so erhalten wir drei Theile und zwar:

A. Nachrichten, welche Beiden, sowohl Karl IV. als Benesch gemeinsam sind,
B. Nachrichten, welche sich in der Selbstbiographie vorfinden, bei Benesch von Weitmil aber fehlen und
C. Nachrichten, welche bei Benesch von Weitmil aufbewahrt, in der Selbstbiographie fehlen.

Dass der erste Theil für die Kritik beider Schriftsteller und ihrer Glaubwürdigkeit der wichtigste sei, liegt auf der Hand. Aus der Art und Weise, in welcher Benesch die von Karl IV. mitgetheilten Nachrichten benutzte, wie er abschrieb und in welcher Färbung seine Erzählung zu der Karl's sich verhält, ist aus der Erzählung ein und derselben Begebenheit am Besten zu erkennen. Bei Verknüpfung der Thatsachen, bei Auffassung der Ursachen und Beweggründe, bei Wahl der Worte kann selbst ein und dasselbe Faktum mehr oder weniger verwischt, mehr oder weniger verschleiert, erhellt oder entstellt werden. Wir haben in der Einleitung schon das Verhältniss der lorscher Jahrbücher zu dem einhard'schen Texte oder vielmehr Umarbeitung derselben berührt; bei Vergleichung der Selbstbiographie und der weitmil'schen Bearbeitung finden wir eine überraschende Parallele. Wie bei Einhard die Nachrichten aus den lorscher Jahrbüchern eine andere Färbung erhalten haben, ja selbst zu ganz anderen Nachrichten geworden sind; ebenso sind mehrere Angaben Karl's IV. bei Benutzung derselben durch Benesch v. Weit-

---

1) Palacky, Böhm. Geschichtsschreiber, S. 193 ff.

mit verändert, ja fast umgestaltet. Benesch und Einhard sind darin einander vollkommen gleich, dass ihnen diese Veränderungen gleichsam wider Willen unter die Hand kamen, die Absicht einer Fälschung aber nicht vorausgesetzt werden kann.

Gehen wir nun zur Vergleichung beider Schriftsteller über, so finden wir, dass Benesch häufig die Erzählungen Karl's erweitert, seine Thaten vergrössert und das rechte Maass überschreitet (Benesch a. a. O. II. 190—424). Die Stelle, wo Karl von seiner Erziehung in Frankreich spricht und den Ausdruck gebraucht: „aliquantulum in literis erudire", wozu noch die Worte gefügt werden: „aliquantulum horas beatae virginis intellexisse" war dem Benesch zu schwach, deshalb, setzte er noch die Worte hinzu (II. p. 193. Comment. p. 234): „proficiebat coram deo et hominibus aetate atque sapientia pariterque et scientia."

Im höheren Grade erscheint diese Uebertreibung bei Benesch auffällig an den Stellen, wo er von Kaiser Ludwig dem Baier seiner Wahl und Kaiserkrönung handelt. Karl (Comment. p. 236) schreibt dort: „dyadema imperiale contra voluntatem pape Joannis XXII. ab episcopo Venetorum et munus consecrationis recepit", Benesch jedoch (a. a. O. p. 294): „et obtinuit imperium, male coronatus per episcopum Venetorum contra prohibitionem domini Joannis XXII.", was noch von ihm, dem zornigen Priester, durch die folgenden Worte: „Qui Ludovicus postea erigens cervicem contra sanctam Romanam ecclesiam, creavit quemdam Antipapam nomine Nycolaum, de ordine Fratrum Minorum, qui antipapa recognoscens se male fecisse accedens ad sedem apostolicam, pro tanto excessu poenituit et in penitentia diem suum clausit extremum", verstärkt wird, während in der Selbstbiographie nur steht: „Et post hec creaverat antipapam nomine Nycolaum, ordinis minorum, qui post hoc traditus fuit ad manus pape et in penitentia mortuus fuit."

Bei Beschreibung der Schlacht von San Felice und den Nebenumständen wird die Bemühung des

Benesch, seinen geliebten Fürsten in günstiges Licht zu setzen, auffallender.

Benesch gibt den auf Rath der italienischen Bundesgenossen von Karl ausgeführten Beschluss, das Kastell San Felice zu befreien, als Karl's eigenen Entschluss aus und gibt bei Schilderung der Schlacht den vertauschten Worten des erlauchten Autors einen ziemlich veränderten Sinn. Während Karl IV. (p. 239) sagt: „Et ex utraque parte fuerunt interfecti quasi omnes dextrarii et aliqui equi, et eramus quasi devicti, et dextrarius in quo residebamus etiam interfectus est. Et relevati a nostris sic stando et respiciendo quod eramus quasi superati, jamque pene in desperatione positi, aspeximus", verschleiert Benesch diese Thatsache mit dem Ausdrucke: „Qui (Carolus) paululum secedens ad partem ut post laborem tantum quiesceret aliquantulum, cum crederet suum exercitum jam devictum et prostratum" (p. 299).

Während Benesch die Nachricht mittheilt, Karl habe zuerst in Person mit die flüchtigen Feinde verfolgt (p. 299) sagt Karl deutlich genug: „Et ecce eadem hora inimici fugere inceperunt cum vexillis eorum, et primum Mantuani, demum plures eos sunt insecuti" (p. 239).

Voll grossen Hasses besonders gegen Ludwig den Baier nennt Benesch (p. 300) das als gewiss, wovon damals ein Gerücht im Volke gehen mochte, was aber noch keineswegs erwiesen ist. Dort sagt er nämlich, Ludwig habe dem Schwiegersohn Karl's, Herzog Heinrich v. Baiern, Gift gegeben: „ut terram ejus possideret." An einer andern Stelle (p. 327) drückt er sich über diesen Todesfall weniger bestimmt aus: „Sed, ut supra dicitur, puer hic Joannes, sororius Karoli intoxicatus veneno interiit, quomodo et qualiter deus novit."

Im Allgemeinen gilt, dass Karl in der Selbstbiographie ausführlicher und anschaulicher ist, als Benesch, was aber ganz natürlich ist, da Karl alles selbst gesehen und erlitten hatte, auch durchschnittlich nur Begebenheiten mittheilt, wo er Augenzeuge und betheiligt gewesen ist. Dies gilt besonders von seiner Schilderung Böhmens, als er im Oktober 1333 in dieses von Parteihass und den Leidenschaften des Herrenstandes zerfleischte und verwüstete Land kam (Comment. p. 247. Beness. p. 307); ebenso von den italienischen Ereignissen im J. 1336 (p. 251. Beness. p. 313); von der görzer Fehde (ebend. Beness. p. 311).

Dass Nikolaus und Mattheus zu Bischöfen ernannt seien (p. 251), fehlt bei Benesch, desgleichen die Namen der italienischen Bundesgenossen Ludwig's des Baiers. Während Karl sagt, sein Vater Johann (p. 251) habe von Ludwig empfangen: „feoda tamquam ab imperatore", spricht Benesch über ein: „homagio Joannis regis voto" (p. 327); während Karl sagt (p. 261), er und sein Vater Johann hätten sich nach Frankreich begeben, behauptet Benesch (p. 329), sie seien gen Luxemburg gegangen. Dagegen bei Schilderung des Krieges Johann's gegen die Herzöge v. Oesterreich ist Benesch (p. 311) weitläufiger als Karl, welcher nur (p. 251) den Ausdruck hat: „fugavit ultra Danubium.".

Wir gehen jetzt zum zweiten Theile dieser Vergleichung über und notiren die Nachrichten der Selbstbiographie, welche bei Benesch fehlen.

Die speziellere Erwähnung von Karl's Freunde Peter (p. 235) findet man bei Benesch nicht; er hat auch in seiner Erzählung den Kaiser Heinrich, Karl's Ahnherren weggelassen; ebenso dass die Florentiner gegen Karl, Markgraf v. Mähren zur Zeit der italienischen Wirren ein Bündniss (p. 237) trotzig geschlossen hatten, fehlt bei Benesch. Er kannte übrigens das Bündniss, wie aus der Namen-Erwähnung an jener Stelle hervorgeht, wo Benesch von den vertheilten Lehen Einiges mittheilt. Dass Philippo de Pistorio zu Lucca die Tyrannis gehabt, wird gleichfalls bei Benesch vermisst (p. 298. 301.)

Benesch hat die Erwähnung des Egidius von Berlario aus Rhegium, des Vikars König Johann's, welchen Karl (p. 240) so lobt, bei Erzählung der schwierigen Verhältnisse in Italien zur Zeit jenes Bündnisses weggelassen; ebenso, dass Karl von dem Kardinal aus Ostia den Rath erhalten habe, sich besser zu hüten (p. 301). Die in der Selbstbiographie geschilderten Bewegungen des Heeres (p. 241) fehlen, desgleichen die Nachrichten vom Grafen v. Rimini, dem Führer des Heeres, von seiner Gefangenschaft zu Ferrara und dass dort die Soldaten theils erschlagen, theils ertrunken seien (p. 243). — Wie Benesch den Abzug König Johann's aus Italien erzählt, bleiben die Namen der Fürsten weg, denen die unterworfenen Städte zugetheilt wurden; ebenso die Nachricht, dass König Johann einst den Florentinern habe Lucca verkaufen wollen (Comm. p. 246). Die Worte über den Herzog v. Tyrol: „qui dux-scriptum est" stehen nicht bei Benesch (Comm. p. 234). Benesch weiss nicht genau, wie es zugegangen sei, dass Karl sowohl von böhmischen als luxemburgischen Rittern habe verläumdet werden können (Comm. p. 248); aber er schildert mit lebhaften Farben das Ungemach, in welches der so verläumdete Markgraf von Mähren gerieth (Beness. p. 309). Ueber die Art, wie sich Johann Schlesien unterwarf, ist Karl ausführlicher wie Benesch, der bei Aufzählung jener der Krone Böhmen unterworfenen Ritter den Herzog von Schweidnitz auslässt (Comm. p. 249 f. Beness. p. 310); er weiss auch nicht, dass der Hass des Herzogs v. Breslau gegen seinen Bruder ihn dazu veranlasste, dem König Johann Breslau zu übergeben. Benesch erwähnt nicht, dass alle deutschen Fürsten ein Bündniss geschlossen und die Herzöge v. Oesterreich dem Kaiser Ludwig mit Freimachung der Strasse bei Passau zu Hilfe kamen; demgemäss fehlt auch, dass des Kaisers und der Herzöge Heer einen Monat Baiern verheerte. Dasselbe gilt in Bezug auf den Kreuzzug König Johann's nach Preussen, wo Benesch den Vornamen des Grafen (Wilhelm) v. Holland und die Namen der übrigen Edelleute weglässt.

Ueber die Rückkehr Karl's aus Italien durch das Thal Cadore (Comm. p. 254); den Ort des Zweikampfes der Edelleute im neumärker Bezirk (p. 254); den Tag des Zuges nach Belluno und die Namen der Heerführer (p. 256); die Nachricht, dass die Burg Chocyn und das Lager des Herrn v. Potnstein zerstört sei (p. 257. Beness. 326); das im Jahre 1339 geschlossene Bündniss zu Posen (p. 258); der ganze Titel des böhmischen Kronvasallen Nikolaus, Herzog v. Oppeln und Ratibor (p. 258. Beness. 327); endlich die Nachricht, dass die Tochter des Pfalzgrafen Herzogs Rudolf zur Gemahlin für den unmündigen Herzog Heinrich v. Baiern bestimmt sei (p. 259); fehlen bei Benesch.

Ebenso findet sich nichts von dem Kriege der Engländer gegen die Franzosen im September und Oktober 1339 (p. 260); von den Feinden des Königs v. Spanien und der Nachricht, dass Karl Soldaten und Kriegszeug nach Montauban geschickt habe (p. 260. Beness. p. 328); von den Verhandlungen zwischen König Johann, Markgraf Karl und dem Pabst Benedikt zu Avignon und deren unglücklichem Ausgange (p. 260); von der Vision Karl's, die von ihm dem Pabst, aber nicht seinem Vater mitgetheilt wurde: „quod melius esset tacere propter aliquas raciones" (p. 244). Die Nachricht, dass Karl beim Uebergange über die salzburger Alpen, im Thale von Gerlos, eingedenk eines Wunders zu Tharanso in Italien, den Beschluss fasste, Messen lesen zu lassen; dass er zu Insbruck seinen Bruder in grosser Gefahr fand (p. 261); die Namen derer, welche das Schloss Zumelle besetzt hielten (p. 262); dass Karl den Herrn v. Arco nebst dem Gebietiger v. Mailand, der mit Truppen des Bischofs v. Trident verbunden war, in die Flucht schlug (p. 263. Beness. p. 330); findet sich ebenfalls nicht bei Benesch. Wenn in der Selbstbiographie bei Erwähnung der Rückreise Karl's aus Frankreich nach Tyrol gesagt wird, er sei durch Baiern gegangen, habe seinen Bruder Johann nach Böhmen geführt und von dort die Route über Krakau genommen (p. 261), so stellt Benesch letzteres seiner Reise durch Baiern voran (p. 329).

Im dritten Theile unserer Vergleichung, wo wir die nur bei Benesch vorhandenen Nachrichten zusammenstellen, finden wir, dass Benesch das Wort: „expulit", wo Karl die oben erwähnte zweifelhafte böhmische Chronik citirt, ausführlicher erläutert hat. Er erzählt nämlich, durch den Versuch des Herzog Heinrich v. Kärnthen unter dem Namen:

„defensor regni" die Oberherrlichkeit in Böhmen zu erringen. Desgleichen ist nur bei Benesch die Nachricht über die Herzogin Margaretha (Maultasch) von Tyrol, wo er die Hochzeit mit Johann, dem dritten Sohne König Johann's v. Böhmen, einflicht, und im Verlaufe die Erzählung von dessen Vertreibung aus Tyrol und seiner Erhebung zum Markgrafen v. Mähren hinzufügt (Comm. p. 233). Benesch bringt die Erzählung von der Namensveränderung: Karl aus dem ursprünglichen Wenzel, und dass dies auf besonderen Wunsch des französischen Königs geschah. Bei Schilderung des Mordversuches in Italien gegen Karl erwähnt Benesch ausführlicher, dass Karl die Absicht gehabt habe, den Schluss der Messe zu erwarten (p. 298); Benesch fügt bei Johann v. Tyrol das Wort: „germanus" hinzu. Auch hat er allein die Nachricht, dass Karl Zeitlebens den Catharinentag als einen Festtag gefeiert habe (p. 299).

Die Schilderung der Uneinigkeit unter den Feinden, welche die Selbstbiographie nur ganz allgemein bringt, ergänzt Benesch (p. 303) damit, dass er hinzufügt, die Schiffer hätten sich geprügelt und seien darauf zornig nach Hause geeilt. In der Selbstbiographie (p. 247) fehlt der Vorname des Grafen von Vienne, Guigo, und die Nachricht von der Begründung der Allerheiligenkapelle zu Prag (p. 307); ebenso findet sich nur bei Benesch die Nachricht, dass Karl Gesandte nach Luxemburg geschickt, um seine Gemahlin Blanka abzuholen nebst der Notiz über die Töchter Karl's und deren Gatten (p. 307); die näheren Ereignisse beim Verluste Tyrols theilt Benesch (p. 308) allein mit. Dass König Johann von seiner Gemahlin Beatrix einen Sohn Wenzel gehabt und die Königin Blanka nach ihrer Krönung Böhmen verlassen habe, wohin sie niemals mehr kam, fehlt in der Selbstbiographie. Die grössere Ausführlichkeit des Benesch über Karl's Gelehrsamkeit, seine Briefe und theologischen Kenntnisse finden wir besonders bemerkenswerth. In der Selbstbiographie steht nichts davon, dass Johann, Herzog v. Tyrol, im J. 1340 den Patriarchen v. Aquileja unterstützt habe, auch nicht die Nachricht von Karl's Verfolgung der Feinde bis

Clemen, noch vor der Belagerung der Stadt Görz, bei welcher Gelegenheit der kriegerische Patriarch, Bertrand von Aquileja, in der Rüstung an Weihnachten 1340 die Messe las*).

Wenn wir den zweiten Theil der Selbstbiographie, das Werk des unbekannten Autors, mit der Chronik des Benesch vergleichen, so thun wir dies hauptsächlich deshalb, um darzulegen, dass die Bearbeitung des Benesch jene des Unbekannten übertreffe und dass Benesch eine viel umfassendere Handschrift der Selbstbiographie vor Augen gehabt haben müsse, als bis jetzt bekannt geworden ist.

Die Nachrichten über Clemen, Görz etc., die wir oben angeführt haben, fehlen beim Unbekannten. Ebenso die Nachricht, dass Karl nach der Verwüstung Schlesiens nach Böhmen zurückgekehrt sei (Comment. p. 264), wie nicht minder, dass Karl's Bruder Johannes in Tyrol zurückblieb: „provinciam male custodiendo", und in Prag zur Zeit der Anwesenheit König Ludwig's v. Ungarn und Friedrich's, Herzog von Oesterreich, ein 40 Tage dauerndes Fest im J. 1342 gefeiert worden sei.

Die öffentlichen Streitigkeiten des Sohnes König Ludwig's v. Ungarn, Andreas, mit Pabst Clemens VI. um den Besitz Siciliens und Apuliens, so wie desselben Papstes Verhandlungen mit König Johann und Ludwig dem Baier, wo der Papst Beiden in die Karten sah, theilt der Unbekannte nicht mit, der dort nur die allgemeine Redensart braucht,

---

*) Wir fügen hier der Vollständigkeit wegen die abweichenden Lesarten der Selbstbiographie und der Chronik des Benesch an. Für: „comes de En" (p. 241) steht bei Benesch (p. 301): „comes de Evo"; für: „castrum Piczignitonis" (p. 242): „castrum Puczigonis" (p. 303); für: „Aufsteyn" (p. 248): „Aufensteyn" (p. 308); für: „et de Manfredis de Regio, et illi de Piis de Mutina" (p. 238): „et de Manfredis, et de Regio, et illi de Piis, de Muthina" (p. 298); für: „Senibus de Cremona" (p. 238), „Senibus" (p. 299); für: „Sudracius de Bongagio" (p. 259), scheint: „Andergetus de Bongagio" der richtigere (p. 313) zu sein, da in der Selbstbiographie später nach „Sudracius" auch letzterer Name (p. 255) gefunden wird; für „Prymeyum" (p. 255) steht: „Primegium" (p. 313); für: „vallem Eul" (p. 261); „vallem Sny" (p. 329); endlich für: „Penode" (p. 363); „Penede" (p. 330). —

Karl habe während der Jahre 1342—1345 in Abwesenheit des Vaters das Königreich Böhmen gut verwaltet („Post cujus — ac reduxit." Comm. p. 264).

Ueber die Verhandlungen Kaiser Ludwig's mit König Johann v. Böhmen über Tyrol, ist bei Benesch und dem Unbekannten die Darstellung ganz verschieden, unbedingt aber die des Benesch vorzuziehen. Der Unbekannte weiss nichts davon, dass die Söhne König Johann's ohne Zuziehung ihres Vaters mit Kaiser Ludwig verhandelten und zu Tuska über einige Bedingungen Nachricht bekamen, welche Ludwig von Camba gestellt hatte. Dass zu Trier eine Zusammenkunft gewesen sei (p. 269. vgl. 268. Note 1), davon weiss weder Benesch noch ein anderer gleichzeitiger Schriftsteller etwas, Benesch meint, dass eine derartige Zusammenkunft in einem am Rheine gelegenen Orte gewesen sei (p. 332). In den Erzählungen über die Lausitz und Mark Brandenburg ist der Unbekannte, wie wir schon oben gesehen haben, keineswegs zuverlässiger. Wir glauben, dass der Unbekannte hier entweder eine andere Chronik vor sich hatte, oder eine reichere Handschrift der Selbstbiographie, oder aus dem Gedächtniss ohne Prüfung niederschrieb. Am Wahrscheinlichsten scheint überhaupt, dass der Unbekannte nicht aus der Selbstbiographie, sondern aus einer ganz anderen bis jetzt ungekannten Chronik schöpfte, dass ein unwissender Schreiber des Unbekannten Schrift für einen Bestandtheil der Selbstbiographie hielt und daher hinter den Text derselben schrieb, worauf andere Abschreiber seinem Beispiele folgten. Diese, so viel wir wissen, bis jetzt noch nicht aufgestellte Hypothese scheint uns deshalb besonders nicht sofort zu verwerfen, weil Benesch das Duell des blinden Königs Johann mit König Kasimir v. Polen nicht erwähnt. Benesch, welcher auch nicht die unbedeutendste Notiz, wenn sie Johann oder Karl IV. anbetrifft, übergeht, hätte zweifellos auch diese Nachricht in seine Chronik aufgenommen, wenn er sie in der von ihm benutzten Handschrift der Selbstbiographie gefunden hätte.

Fahren wir in der Vergleichung fort, so finden

wir beim Unbekannten nichts darüber, wie die Söhne König Johann's sich mit ihrem Vater wieder einigten (Beness. 332. 333); nichts darüber, dass der von Tuska nach Luxemburg gereiste Karl, mit dem dort gefundenen Vater eine Reise nach Avignon zu Papst Clemens VI. machte, wie sie dort aufgenommen wurden, welche Vorschläge man machte und wie der Papst die Verwandlung des Bisthums Prag in einen Erzbischofssitz, sowie die Errichtung eines „collegium mansionariorum" gestattete; nichts über das Bündniss zwischen König Johann, Markgraf Karl und Papst Clemens; nichts über den Versuch, die Zwietracht zwischen Kaiser Ludwig und Papst Clemens zu heben; nichts über die Zusammenkunft Kaiser Ludwig's am Rheine (p. 334), von wo aus Karl eine andere Versammlung zu Bacharach in Anwesenheit aller deutschen Fürsten beschlossen haben soll; nichts, über die Festlichkeiten, wie Bischof Arnest von Prag zum ersten Erzbischof der neuen prager Erzdiöcese erhoben wurde (p. 334. 335). — Erst bei Erzählung des Zuges nach Litthauen (Comm. p. 264. Benesch a. a. O.) kommen Beide wieder überein. Doch auch hier übersieht der Unbekannte den Herzog v. Bourbon und Burggrafen von Nürnberg, Benesch den Grafen von Holland. Der Unbekannte erzählt allein die Anekdote über den Zwist König Ludwig's v. Ungarn mit dem Grafen v. Holland, welcher in Breslau entstanden sein soll, während Benesch eine genaue Schilderung des ganzen Zuges gibt. Beide kommen darin überein, dass wegen der Lindigkeit des Winters der Zweck verfehlt worden sei. Dass Herzog Bolko um das auf Karl bei Kalisch versuchte Attentat gewusst habe (p. 265), scheint nach Benesch daraus geschlossen werden zu müssen, weil Karl beim Durchzuge durch das Gebiet dieses Fürsten dasselbe verwüstete. Benesch vergisst, um etwas Nachtheiliges zu verschweigen, dass Karl's Heer in dem Treffen mit den Italienern (p. 263) grosse Verluste erlitt. Weshalb König Kasimir das Attentat von Kalisch beabsichtigte, davon weiss Benesch (p. 335) nichts. Aus der Erzählung des Benesch geht hervor, dass sowohl Johann als Karl Anzeichen von einer drohenden Gefahr hatten, während der **Unbekannte** von ihnen sagt: „talium insidiarum ignoti." **Benesch** übersieht, dass König **Johann**, auf der Reise nach Luxemburg, die Mark Brandenburg und Niederlausitz passirte, ebenso dass **Karl** sich benahm, als wisse er von einer Gefangenschaft bei den Polen nichts und beabsichtige nur auszuruhen, und Steinau vom König **Kasimir** nachher belagert wurde; er weiss auch nichts davon, dass König **Johann** dem schlesischen Kriegszuge beiwohnte (Comm. p. 166). Dass im Monate Juli gegen die Polen Krieg geführt worden sei, erzählt **Benesch** und meldet das Bündniss der Polen und Ungarn, während der **Unbekannte** erzählt, dass viele Fürsten zu dem Zwecke verbunden gewesen wären, um König **Johann** und Markgraf **Karl** gänzlich zu vernichten.

Benesch weiss nichts davon, dass von König **Johann** an Kaiser **Ludwig** Gesandte gegangen und von **Johann's** Aeusserung, als sie ohne Erreichung ihres Zweckes zurückkehrten; nichts davon, dass **Johann**, um dem Herzog v. Oppeln Hilfe zu bringen, den Adel Böhmens zusammenrief; nichts davon, dass **Zdenko v. Leippa** zu Krakau Gefangener war; auch scheint **Benesch** die Friedensbedingungen nicht so genau zu kennen, als der **Unbekannte** (p. 268), welcher noch erzählt, nach der Schlacht an der Weichsel sei Herzog **Johann** zum Ritter geschlagen worden (vgl. Chron. Aul. Reg. a. a. O. p. 348).

Nach dieser speciellen Vergleichung der Selbstbiographie (mit Einschluss des von einem unbekannten Schriftsteller verfassten Theiles) und der Chronik des **Benesch v. Weitmil** ist uns erst möglich, ein allgemeines Urtheil über Beide zu fällen, vorausgesetzt, dass zu gleicher Zeit die von Beiden gebrachten Nachrichten mit der Erzählung anderer gleichzeitiger Schriftsteller und den Urkunden geprüft werden. Letzteres ist von uns geschehen und es ergibt sich folgendes Resultat.

Bei Beiden, der Selbstbiographie sowohl als **Benesch**, findet sich viel, was bei der Geschichtsschreibung jener Periode verbunden werden kann. Einer ergänzt den Anderen, und wenn bei Benesch Manches fehlt, was die Selbstbiographie enthält, so findet auch das umgekehrte Verhältniss statt, viel Brauchbares enthält die Chronik des Benesch, was in der Selbstbiographie vermisst wird. Wo aber Benesch von Karl's Erzählung abweicht, so ist regelmässig Letztere als die lauterste Quelle vorzuziehen; was auf alle gleichzeitigen Schriftsteller bezogen werden muss, deren Schilderung von Karl's Darstellung etwa abweicht. Glücklicherweise hat Benesch in dem Theile, wo leider des Kaisers eigene Erzählung aufhört, keine Gelegenheit mehr, von Karl etwas Nachtheiliges erzählen zu müssen, was sonst bei ihm verschwiegen oder entstellt sein würde, und wer die Manier des Benesch genau kennt, weiss die Stellen zu erkennen, wo er Karl's IV. Lob über das Maass preist. Gehen wir nun auf die Glaubwürdigkeit des Unbekannten, Benesch entgegengehalten, über, so ist des Benesch Darstellung in Abweichungsfällen immer der des Unbekannten vorzuziehen, obwohl Mehreres bei Letzterem, mit Vorsicht benutzt, zur Aufklärung einiger Partieen beiträgt, und darum nicht ganz zu verwerfen ist.

Cap. IX.

II. Ueber das Leben des heiligen Wenzel.

Schon sehr früh wandten sich theils Kleriker, theils Laien zur Schilderung der Lebensereignisse und Leiden des h. Wenzel, jedoch im Ganzen mit wenig Erfolg[1]).

[1) Apud Adouem de eodem agitur hac die. Ejus vitam scriptam esse a Laurentio monacho Cassinensi, auctor est Petrus diac. in libr. de vir. Illust. monast. Cassinens. cap. 6. Plura de eo legimus in breviario Polonorum, in Wittichindo Saxon. lib. 2. Aenea Silv. hist. Boem. cap. 14. 15. Joann. Dubrav. hist. Boem. lib. 4 et 5. quam exscriptam habeo apud Sur. tom. 7. hac die.
Martyr. Rom. auctore Caesare Baronio Sorano S. R. E. cardinali H. S. Nerei et Achillei. Parisiis 1645. Sept. XXVIII. p. 284. 285 fol.]

Denn von der ältesten Geschichte Böhmens gilt dasselbe, was alle Länder des Ostens über die Saale und Elbe hinaus trifft. Es ist im Ganzen ein kaum leise zu lüftender Schleier über dieselbe ausgebreitet; an glaubwürdigen und zuverlässigen Nachrichten fehlt es meistens. Wir wissen von Wenzel's Jugend daher auch nichts weiter, als dass Wratislaw, Herzog der Böhmen, und Drahomira, die Tochter eines Lutizerfürsten, seine Eltern waren, welche ausser Wenzel noch einen Sohn, Boleslaus, und vier Töchter erzeugten. Der Geburtstag Wenzel's jedoch kann bis heute noch nicht genau angegeben werden.

Dobrowsky[2]) gibt die Worte des fabelreichen Hajek, Wenzel sei im Jahre 908 geboren, weder zu, noch läugnet er sie gänzlich. **Wenzel könne wohl in jenem Jahre geboren sein, doch habe Hajek keinen Grund nachgewiesen, auf den er sich mit der von ihm beliebten Festigkeit stützen könne.**

Palacky aber[3]), aus welchen Gründen, vermögen wir nicht zu erkennen, stimmt Hajek bei, indem er schreibt, **Wenzel sei bei seines Vaters Tode 18 Jahr alt gewesen**[4]).

Wratislaw ist nun nach Palacky im Jahre 926 gestorben[5]). Mithin musste der damals 18jährige Wenzel im Jahr 908 geboren sein[6]).

Wir wollen übrigens die Richtigkeit dieses Datums nicht weiter untersuchen. Nur so viel steht aus Wenzel's Leben fest, dass er im Jahr 936, am

---

2) Kritische Versuche, die ältere böhmische Geschichte von spätern Erdichtungen zu reinigen. Prag 1819. III. p. 6. cf. Acta S. S. Septemb. VII. p. 836. c. 1.
3) Geschichte von Böhmen I. p. 203. Prag 1836.
4) 926: „Herzog Wenzel, der Nachfolger auf dem väterlichen Throne, war bei dem Tode seines Vaters erst achtzehn Jahre alt." (II. p. 203.)
5) Dobrowsky, mit dem Vorgange Dobner's, gibt 925 an. ibid. 7.
6) In wie weit diese Angaben in der später erschienenen, dem Vernehmen nach vielfach veränderten und verbesserten czechischen Ausgabe der böhmischen Geschichte verbessert sind, vermögen wir nicht anzugeben, da uns eine solche Ausgabe noch nicht zu Gesicht gekommen ist.

28. September durch seinen Bruder Boleslaus zu Boleslavia (Bunzlau) in Böhmen ermordet wurde[7]).

Als Hauptgrund dieses Mordes wird angegeben, dass Boleslaw, ein roher und jähzorniger Jüngling, von seiner Herrschsucht und dem Verlangen, der zunehmenden Priesterherrschaft in Böhmen ein Ende zu machen, zu demselben verleitet worden sei. Denn Boleslaw fürchtete, das sehr kriegerische czechische Volk würde durch weitere Ausdehnung des christlichen Glaubens in Böhmen weibisch und die reichen Schätze der herzoglichen Familie, zufolge der mehrfachen Kirchenbauten, Ausstattung von Klöstern und Schenkungen an die Armen verstreut und verschwendet werden[8]).

Doch führte allen Schilderungen nach dieser Todtschlag gerade zu dem, was durch ihn hatte sollen verhindert werden.

Denn die schlauen Priester, erkennend, welcher Liebe der fromme Herzog unter seinen Untergebenen, insbesondere durch seine Mildthätigkeit gegen die Armen sich erfreue, benutzten Wenzel's Tod, um der katholischen Kirche immer mehr Eingang zu verschaffen. Sie verbreiteten unermüdlich Gerüchte im Böhmerlande, dass nicht allein bei dem Leichnam des Ermordeten, sondern auch auf seinem Grabe vielfache Wunder sich ereignet hätten. So geschah es auch, dass kaum ein Menschenalter nach des Herzogs Tode die Erzählungen von den Wundern des heil. Wenzel Böhmens Grenzen überschritten hatten und zu den Ohren des deutschen Königs Otto gekommen waren, welcher zwischen den Jahren 968 und 973[9]) den Bischof Gumpold v. Mantua veranlasste, eine Lebensbeschreibung dieses Heiligen zu entwerfen.

Wegen der Menge der Wunder können wir hier nicht näher auf den Inhalt derselben eingehen.

Bei Aufzählung der verschiedenen Bearbeitungen dieser Legenden werden wir uns an die vortreffliche

---

7) Dobrowsky. ff S. 8. Palacky. ff. S. 208. Anm. 14.
8) Palacky. ff. p. 206.
9) Pertz, monum. Germaniae tom. VI. (SS. IV.) p. 211.

Auseinandersetzung Dobrowsky's am angeführten Orte hauptsächlich halten, und zwar um so mehr, als der betreffende Band ziemlich selten ist [10]).

Cap. X.
Handschriften von Lebensbeschreibungen Wenzels.

Es waren bereits **vierzehn** verschiedene Lebensbeschreibungen des heiligen Wenzel vorhanden, welche **acht** Legenden [1]) enthalten, als es dem frommen, gläubigen Karl IV. in den Sinn kam, ebenfalls eine Schilderung der Leiden jenes czechischen Herzogs zu entwerfen. Er benutzte bei Abfassung seines Schriftstückes verschiedene der früheren Lebensbeschreibungen. Deshalb müssen wir zuerst die früheren aufzählen, um eine Grundlage für das folgende Capitel zu haben, damit wir Karl's Lebensbeschreibung in ihrem Verhältnisse zu den schon vorhandenen beurtheilen zu können.

A. Wie schon oben gesagt, schrieb die erste Lebensschilderung Wenzel's, Gumpold, Bischof von Mantua. Pertz [2]) sagt über dieselbe: „Liber intra annos DCCCCLXVIII. et DCCCLXXIII. conscriptus, et b. m. Josepho Dobrowsky docente [3]), omnium fere, excepta scilicet Laurentii Casinensis vita Wenceslavi, quae postea de Wenceslavi vita prodierunt, radix et fundamentum, statim claruisse vide-

---

10) Selbst in der Königl. Bibliothek zu Berlin fehlte der betr. Jahrgang (1819) im Jahre 1846.

1) Legenda vel legendarius liber acta Sanctorum per anni totius circulum digesta continens, sic dictus qui certis diebus Legenda in Ecclesia et in sacris synaxibus designabantur a moderatore Chori: unde a Graecis συναξάγια appellantur. Bletus c. 60 et eo Durandus libro VI. Rat. cap. I. n. 29 Legendarius vocatur liber ille ubi agitur de vita et obitu confessorum, qui igitur in eorum festis, Martyrum autem in Passionariis etc. cf. Glossar. manuale med. et infim latinitatis etc. 8. Halae 1772. tom. IV. p. 366 sqq.

2) Mon. Germ. VI. p. 211.

3) II. p. 17 ff.

tur; nam ipso seculo decimo in usum breviarii non semel⁴) excerptus, seculo undecimo ineunte, auctori vitae Adalberti episcopi innotuit et seculis subsequentibus non solum a Sigeberto Gemblacensi⁵) et Cosma⁶), sed a reliquis legendarum Scti Wenceslavi auctoribus, quos inter Carolus IV. imperator emicuit, exscriptus est."

Herausgegeben haben diese Legende Dobrowsky⁷), welcher dazu eine Handschrift der prager Domkirche benutzte, und Pertz, mit Zuziehung der besten Handschriften⁸), in den „Monumentis Germaniae"⁹).

Seine Ausgabe übertrifft die beste der jetzt vorhandenen, bei Weitem die Dobrowsky'sche an Fülle der Wörter und Redensarten, und Korrektheit der Lesarten, was eine Vergleichung alsbald lehrt¹⁰).

B. Die zweite ist nur ein kurzer Auszug aus der vorhergehenden, und im 11. Jahrhundert verfasst, um bei den „lectiones breviarii"¹¹) benutzt zu werden. Wird aufbewahrt in der prager Kathedrale, unter dem Titel: „Vita seu passio de eodem sancto Martyre Wenceslao ad VI. L. (ad Sex lectiones)", und fängt an mit den Worten: „Crescente per orbem universum catholicae religionis incremento"¹²).

C. Die dritte Beschreibung ist in Gestalt einer Rede, zum Brauch der Benediktiner geschrieben, in einer Handschrift aus dem XII. und XIII. Jahrh. vor-

---

4) Dobrowsky, a. a. O. Nr. 2. 3 ff.
5) Im Jahre 921.
6) a. 849. Pelzel u. Dobrowsky. scriptt. I. p. 35 ff. 929. ibid. p. 38. 932. II. p. 41.
7) Im Jahre 1819. a. a. O. p. 53—117.
8) a. a. O. p. 212. 213. C. Guelferbytanus, sec. XI. exeuntis, 4. XI. 2. signatus; C. Regius Bruxellensis hodie numero 9289; sec. XII. ineunte, denique bibliothecae metropolitanae Pragensis sec. XIV. Duorum aliorum codicum fata, olim S. Adalberti Aquisgranensis (Acta SS. Septembris VII. 771.) atque olim Brunnensis Moraviae nunc ignorantur.
9) Ibid. p. 213. 223.
10) cf. Pertz, Archiv V. p. 136. VII. p. 386.
11) „Liber ecclesiasticum officium compendio complectens." Gloss. I. p. 796. cf. Senecae epp. XXXIX. Opp. Lips. 1741. 8. p. 113.
12) Dobrowsky, Krit. Versuche. 1. 5. B. (Borwoy's Taufe. Prag 1802. 8.) III. 1. 20. legend. B.

handen. Sie beginnt mit den Worten: „Oportet nos fratres carissimi vitam et passionem S. Wenceslai martyris Christi fideliter considerare", gibt im ersten und zweiten Theile einen Auszug aus der Vita A., schreibt jedoch im dritten Theile, von den Worten: „Sub cujusdam diei exultabili ortu in felix Boleslaus" bis zum Schlusse fast wörtlich die Vita A. aus und endet mit dem Satze: „quibus vero multum super hoc mirantibus eoque abluendi labore post inde cessantibus, usque hodie sanguis (sanguinis) ejusdem intinctione paries ipse pro signo venerando nitescit" [13]).

Letztere benutzte der unbekannte Verfasser der **vierten** Lebensbeschreibung, welche, nach den Bollandisten, in einer Handschrift der Augustiner (Canonicorum regularium) zu Corsendonc bei Tournhout in Brabant sich befand. Sie kam unter den Legenden der polnischen und böhmischen Heiligen heraus, die zu Ende von Joh. Longini Vita b. Stanislai. Cracov. 1511. 4. stehen, und hebt S. 100 mit den Worten an: „Beatus Wenceslaus ex cristianissimo patre" etc." [14]).

D. Die **fünfte** Legende muss bei Weitem höher geschätzt werden [15]), als dies durch den Bollandisten **Suysken** geschehen ist [16]). Denn sie wurde von **Lorenz**, Mönch zu Monte Cassino, mit solcher Genauigkeit geschrieben, dass man dieselbe, ausgenommen die erste, allen übrigen vorziehen muss. Die Handschrift steht in dem Pergamentcodex Nr. 413 zu Cass. in 4., ist mit longobardischen Minuskeln im 11. Jahrh. geschrieben und enthält ausser dem 20 Blatt füllenden Leben Wenzel's noch die Lebensbeschreibung des Bischofs Remigius. Anfang: „Dominus ac redemptor noster"; Schluss: „Hec porro tantis per scripta sunt ad laudem ut igne perpesque decus."

E. (Dobr. D.) Die **sechste** Lebensbeschreibung ist mit Unrecht von **Pessina** [17]) dem fünften prager Bischof **Izzo** zugeschrieben worden; ihr Verfasser ist

---

13) Dobrowsky. a. a. O. I. p. 8. 9. III. p. 21. Pertz, Arch. VII. p. 387.
14) Dobrowsky. III. p. 21.
15) Pertz, Archiv. V. p. 143.
16) Dobrowsky. III. p. 22.
17) Phosph. 554. Note n. (nach Dobrowsky. a. a. O.)

bis jetzt noch nicht bekannt. Sie wurde gefunden in der Bibliothek der prager Kathedrale und ihr entspricht Cod. sec. XIII. 12. in Klagenfurt, sowie zwei Pergamenthandschriften in Folio zu Linz, endlich eine vierte bairische, einst in Dobrowsky's Besitz. Einige Lesarten in Brevieren des 14. Jahrh. wurden aus derselben entnommen [18]).

F. (Dobr. E.) enthält die siebente Lebensbeschreibung oder das Leben der heil. Ludmilla [19]). Sie hat mit dem Vorigen Vieles gemein, und kommt in einem zu Nürnberg 1502 gedruckten Breviere in fol. vor. Sie findet sich noch ausserdem in einem Passionale [20]) der prager öffentlichen Bibliothek Pap. Hdsch. X. B. 12., sowie in einem anderen daselbst fol. XIV. A. 7. endlich in einem Brevier (Viaticus) des böhmischen Museums vom Jahre 1440 und in einem Brevier der fürstl. thunischen Bibliothek zu Tetschen [21]).

G. (Dobr. F.), die achte Lebensbeschreibung Wenzel's, enthält, gleichwie die Vorige, die mit unsers Heiligen Leben aufs engste verbundene Lebensschilderung der heil. Ludmilla. Die auf der öffentlichen Bibliothek zu Prag (X. B. 7.) aufbewahrte Handschrift wird, in Bezug auf die Lesarten durch eine vom Bruder Johann v. Saczka im Jahr 1440 im Exil geschriebene, zu Raudnitz, übertroffen, doch sind auch dort einige Irrthümer nicht zu übersehen [22]).

Das neunte Leben des h. Wenzel finden wir in der böhmischen Chronik jenes unbekannten Schriftstellers, welchen die czechischen Schriftsteller, nach Pessina's Vorgange, von einer Nachricht bei Hajek, er habe bei Beschreibung der Ereignisse in der Stadt Bunzlau einen Schriftsteller, Dalimil von Meziric genannt, gebraucht, Dalimil zu nennen pflegen. Dieser Autor war nach Pessina u. s. Ausschreibern ein Mönch, nach Palacky aber ein czechischer Ritter, der zwischen 1282 und 1314 blühte. Er schrieb

---

[18]) Dobrowsky. a. a. O. III. 22—25.
[19]) Iselin, Lexicon. III. 237. s. v. Ludmilla.
[20]) Passionalis, Passiones martyrum. vgl. Gloss. V. 180.
[21]) Dobrowsky. III. 25.
[22]) Dobrowsky. III. 26—28.

seine dem Deutschthum feindliche, in vielen Exemplaren verbreitete Chronik, jedenfalls ein Haupt-Unterhaltungsbuch jener Zeit, in czechischen Versen, und bereits im 14. Jahrh. wurde dieses Buch nicht nur in Prosa [23]), sondern auch in Versen [24]) in die deutsche Sprache übertragen. Diese in zwei Recensionen auf uns gekommene Dalimil'sche Chronik enthält von c. 27—31 das Leben des heiligen Wenzel, und bringt über dessen Tod und Wunder vielfache Fabeln, welche der folgende Christann bei seiner Zusammenstellung zuzog [25]).

II. (Dobr. G.), das zehnte Leben des heil. Wenzel, ist von einem Schriftsteller, der Christann genannt wird, verfasst. Balbin [26]) und die ihm folgenden Bollandisten hielten diese Legende für die älteste, und von Christann, einem ins Kloster gegangenen Sohne Boleslaw's I. abgefasst, bei welchem Schlusse sie sich auf die vom Schriftsteller dem h. Adalbert gebrachte Widmung des Werkchens an der Spitze desselben bezogen. Diese Ansicht beseitigte Dobrowsky aufs schärfste, indem er, nach Vergleichung der verschiedenen Legenden mit Christann's Werke, nachwies, dass jener Autor keineswegs alte Erzählungen biete oder vor Cosmas gelebt, im Gegentheil lange Zeit nachher seine Darstellung nicht nur aus der Chronik des Cosmas, sondern auch aus den Legenden A. E. F. G. (Dobrowsky, A. D. E. F.) und dem Dalimil geschöpft und abgeschrieben habe. Doch sei nicht zu läugnen, dass Christann mit grosser Kunst

---

23) Pez, scriptt. rer. Austriac. tom. II. p. 1044—1111. (Cap. 1: „Da alle Werldt durch Missetat etc." — cap. 69: „und wird Ewiglichen mit Gott in Fride wohnen. Amen.")

24) Cod. bibl. eccl. cath. Prag. d. a. 1389.

25) Dobrowsky. III. 28—31. Palacky, Böhm. Geschichtsschreiber 98 sqq. Grässe. a. a. O. II. Bd. III. Abth. II. Hälfte. p. 1171.

26) Balbin. Origg. comitum de Guttenstein. 1665: „Scripsit primus ejus vitam Christanus ord. Scti Benedicti monachus in Brzuewlow qui et ipse S. Ludmillae sanguis fuit; ut pote S. Wenceslai ex ejus fratre Boleslao (ut ante dixi) nepos, eamque alteri nepoti ex sorore Strzezyslavn, scilicet S. Adalberto dedicavit; Christannus de Scala in manuscriptis nominatur."

diese Arbeit vollendet habe. Handschriften sind mehrere übrig, wie in Prag, Witingau (von Balbin gebraucht) u. m. a. Es existiren drei Ausgaben, von Balbin[27], in den Actis Sanctorum September XXVIII. und von Pater Athanasus aus dem prager Codex, zu Prag 1767 mit den verschiedenen Lesarten der balbin'schen versehen[28]. Aus der Legende Christann's ist die elfte Lebensbeschreibung kurz ausgezogen. Hierhier sind noch mehrere zu rechnen, von denen wir als die vorzüglichste aufzählen Bibl. publ. Prag. in fol. X. B. cod. chart. Sie beginnt mit den Worten: „Temporibus Henrici regis Saxonum beatus Wenceslaus ab ipso in ducatum sublimatus", welcher bisweilen ganze Redensarten und Wörter des Christann weglässt und überhaupt sehr abkürzt. Drei kürzere wurden zu gleicher Zeit von Pischeli in der Stadt Klagenfurt und zwei davon in Kremsmünster entdeckt. Sie beginnen: „Wenczeslaus Wratislai ducis Bohemiae filius fuit. Hic literas super omnes coetaneos suos didicit etc.", und enden entweder mit: „omnia vulnera — excepto vulnere fratris", oder mit den Worten: „vulnere, quod ei frater intulerat"[29].

Die zwölfte Lebensbeschreibung pflegt nach ihren Anfangsbuchstaben: „Inclytam et gloriosam festivitatem" Inc. genannt zu werden. Sie findet sich in der cerronischen Abschrift einer olmützer Handschrift, und in einer Pergamenthandschrift bibl. publ. Prag. s. l. XIV. A. 7. Beide weichen bei Zulassung oder Wegwerfung von Worten etwas von einander ab[30], haben jedoch die Erzählung der Bestattung (translatio) von Wenzel's Leichnam. Grössere oder kleinere Lectionen aus dieser Legende findet man in dem Brevier des böhmischen Museums vom Jahre 1440, in dem gedruckten prager Brevier vom Jahre 1492 in 8. und in dem zweiten vom Jahre 1502 in fol.[31].

Die dreizehnte ist wie die vorige nach den Anfangsbuchstaben: „Ut" genannt, und verfasst von

---
[27] Epitome historiae Bohemicae p. 33 ff.
[28] Dobrowsky. ff. p. 31—39.
[29] Dobrowsky. a. a. O.
[30] Dobrowsky. a. a. O. III. p. 14.
[31] Dobrowsky. III. p. 41—43.

Johann v. Neumark, dem bekannten Kanzler Kaiser Karl's IV. und Bischof zu Leitomischl, vom Jahre 1364 ab Bischof in Olmütz, von wo aus datirt in den Formelbüchern sich viele Schreiben von ihm vorfinden [32]. Seine Verehrung des heil. Wenzel trieb ihn zur Abfassung dieser Lebensbeschreibung, aus der wir jedoch nichts Neues ersehen [33]).

Die Legende vierzehn (Dobr. 13) wird wegen ihres Anfangs: „Oriente jam sole christianae religionis" mit: „Or" bezeichnet und schliesst mit der Erzählung von dem dänischen König Erik, der durch eine Erscheinung ermahnt, dem heil. Wenzel zu Ehren eine Kirche baute.

Den Bollandisten wurden drei Abschriften aus Handschriften drei verschiedener Länder zugeschickt, worunter die erste aus einem prager Passional genommen war. Der vollständigste Codex, bei Dobner und Athanas, der witingauer Ungenannte (Anonymus Trebonensis), jetzt auf der öffentlichen Bibliothek XIII. D. 20. hat nicht nur alle Wunder der vorigen Legenden, doch in einer andern Ordnung aufgenommen, sondern fügt noch zwei ganz neue vom J. 1335 und 1347 hinzu. Dieser Codex hat Ueberschriften gerade wie ein Pelzelischer vom Jahre 1377.

Auch aus dieser Legende hat man kürzere und längere Lectionen für's Brevier entlehnt. Zu Klagenfurt in einem Folioband auf Pergament entdeckte Ant. Pischeli sechs Lectionen, die jedenfalls daraus genommen sind, wie Dobrowsky aus dem ihm angegebenen Inhalte sicher zu schliessen glaubte.

Sechs andere Lectionen daraus fand derselbe in einem Brevier zu Tetschen [34]), und neun längere in einem alten Lectionarium auf Pergament in fol. im Priesterhaus bei St. Michael zu Olmütz.

Soviel über die Legenden, welche der Bearbeitung des Kaisers vorangingen.

---

[32] Bibl. publ. Prag. VIII. A. 3.
[33] Dobrowsky. a. a. O. p. 43—45.
[34] Ibidem 45—50.

Cap. XI.
Abfassungszeit von Karl's IV. Legende des heil. Wenzel.

Zu welcher Zeit Karl IV. — dessen Pietät für den h. Wenzel ihn veranlasste, auf dem Schlosse Karlstein eine diesem Heiligen geweihte Kapelle mit bildlichen Darstellungen des Märtyrerthums Wenzel's ausschmücken zu lassen —, an die Lebensbeschreibung des Ermordeten gegangen ist, darüber können wir leider ebenfalls, wie bei der Selbstbiographie Karl's, keine bestimmte Angabe machen. Doch musste die Darstellung bereits im Jahre 1354 geschrieben sein, wie aus einigen Worten in Marignola's Chronik erhellt[1]). Die älteste Handschrift seines Werkes findet sich in einem Brevier des Johann von Neumark, in der Bibliothek der prager Kathedrale, unter dem Titel: „Historia nova de St. Wenceslao — per dominum Carolum Imperatorem composita" und ist gedruckt in den Actis Sanctorum XXVIII. Septembr.[2]), woselbst der Anfang lautet: „Crescente religione christiana divina favente clemencia baptizato Swatopluco Moravorum rege etc. Die Fehler, welche bei dem Abdrucke in jener Sammlung von Heiligen-Leben mit untergelaufen sind, können aus der Chronik des Pulcawa[3]), welcher Karl's Legende ausschrieb, gut verbessert werden. Die Erzählung von der Uebertragung der irdischen Ueberreste des heil. Wenzel zu seiner Ruhestätte, gleichsam der zweite Theil der Erzählungen über Wenzel, sowie die angehängte Erzählung von der im Jahre 1092 geschehenen Befreiung der im Kerker gefesselten Gefangenen ist sowohl in

---

1) „Qui amore dominandi Sanctum germanum, semper sub specie pietatis, scilicet filii baptizandi incitavit ad castrum suum, cui nomen Boleslaw, et ibidem manibus sacrilegis beatum Martyrem coronavit. Cujus vitam gloriosus Imperator Karolus abbreviavit, que si placeret, hic esset inserenda." Marignolae chronicon II. p. 153.
2) Tom. VII. Septembr. p. 836—839.
3) II. p. 90 ff.

Dobrowsky's Passional vom Jahre 1430, als in dem Brevier des böhmischen Museums vom Jahre 1440 zu lesen.

Ebenso wie die Selbstbiographie, ist auch dieses Leben des heil. Wenzel in die böhmische Sprache übersetzt worden. Es kommt schon in einer Handschrift des böhmischen Passionals vom J. 1395, wie auch in anderen jüngeren vor, und ist in einem Passional vom J. 1495 sowie anderen Orten gedruckt erschienen⁴).

Was nun die Lebensbeschreibung selbst anbetrifft, so hat der Verfasser in derselben, mit Weglassung oder Hinzufügung von Wenigem, fast wörtlich die früheren ausgeschrieben, insbesondere die von Gumpold und dem sogenannten Christann verfassten, weshalb auch diese Arbeit von keinem Belange für die geistige Entwickelungsgeschichte des gelehrten Kaisers ist. Die Lesarten, in welchen sein Werk von den beiden genannten abweicht, sind am Besten bei Dobrowsky a. a. O. zu ersehen.

Cap. XII.
III. Theologisches.

Ueber die theologischen Schriften des Kaisers können wir nur sehr Weniges bieten, da weder frühere Schriftsteller, noch Pelzel oder Palacky etwas Mehreres darüber bringen. Pelzel¹) und Palacky²) sagen zwar, dass Karl IV. auch Theologisches geschrieben habe, geben aber nirgends den Ort an, wo dergleichen Schriftstücke aufbewahrt sind. Es

---

4) Vgl. Wybor a. a. O. p. 314 ff. Ziwot swatcho Waclawa.
1) „Unser Kaiser war auch in der Bibel, wie ein Gottesgelehrter erfahren; dass er sie nicht nur fleissig gelesen, sondern auch studirt habe, erhellt aus den vielen Auslegungen, die er darüber machte und die noch vorhanden sind." Karl IV. tom. II. p. 951.
2) Er selbst war Schriftsteller im historischen, juridischen und theologischen Fach ... Palacky, Gesch. v. Böhmen. II. 2. p. 416.

bleiben uns daher nur jene beiden theologischen Betrachtungen übrig: „Die Ansprache an die ihm Folgenden", und die von Benesch uns überlieferte „Homilie", die wir schon oben kurz erwähnt haben [3]).

Durch jene bei Böhmer (II. S. 228—233) zu lesende Ansprache fordert der Schriftsteller in gewissermassen mystischer und dunkler Rede die ihm Folgenden auf, gut zu regieren, was wohl auf seine Söhne Wenzel, später böhmischen König und dann deutschen Kaiser, und Sigmund, Markgraf v. Brandenburg, später ungarischen König, deutschen Kaiser und böhmischen König zu beziehen ist.

Er versucht ihnen insbesondere nachzuweisen, dass sie weise und fromm regieren müssten, um die ihrer Botmässigkeit unterworfenen Völkerschaften glücklich zu machen, und einst nach dem Tode einen guten Namen sowohl in dieser Welt zurückliessen, als in jener Welt bleibende Belohnungen empfingen. Die Richtigkeit seiner Ermahnungen in Bezug auf die Unterthanen, seien es nun Geistliche oder Laien, beweist er mit angezogenen Bibelstellen, in denen er sehr bewandert ist und sich als keinen unbedeutenden Bibelkenner bewährt.

Diese Ansicht wird noch vermehrt durch die andere theologische Disputation, welche Karl zu Tussyn in Böhmen[4]) schrieb und „Homilie" nannte[5]).

Sie ist geschrieben über das Evangelium am Tage der heiligen Ludmilla von „dem verborgenen Schatze"[6]).

Der Schriftsteller bezieht diesen Schatz auf den heiligen Geist[7]); der Acker, in welchem er verborgen wird auf den menschlichen Geist, wo solcher je nach den Bestrebungen des Menschen als gute oder böse Frucht aufgehen kann[8]). Der Schatz bleibt verborgen bei den unwürdigen Menschen, welche die Zerknir-

---

3) c. V. u. VI. im Anfange.
4) Comment. p. 257.
5) Beness. a. a. O. 315—325.
6) Matth. XIII. v. 44—47. — Ausführlicher böhmisch: Wybor. a. a. O. p. 542—555. (c. XI—XIII.)
7) p. 316.
8) „Ubi homo seminat bona et mala opera." p. 316.

schung (contricio) und Busse vernachlässigen; der Schatz wird gefunden bei den Menschen, welche nach Busse trachten und Zuversicht auf die Barmherzigkeit Gottes haben, d. h. ihre Sünden erkennen [9]). Wenn der Schatz gefunden ist, so wirft der gute Mensch alles, was böse an ihm ist [10]), von sich, gelobend, nimmer mehr böse handeln zu wollen. Damit das aber auf die richtige Weise geschehe, darf er diese Gelübde nicht vor jedem beliebigen Gerichtshofe noch vor jedem beliebigen Menschen ablegen, sondern vor dem Gerichtshofe (forum) des Gewissens und vor den vom allmächtigen Gott zur Spendung der Busse begnadeten Priestern. Wenn nun also der Grund zum unrecht handeln beseitigt und die Busse vorschriftsmässig gethan ist, kann er den Saamen zum richtigen Lebenswandel in sich aufnehmen und in seinem Acker, d. h. seinem Geiste, verbergen. Wenn aber dieser aufgenommene Schatz in seinem Geiste lebendig aufbewahrt bleibt, wird er denselben dereinst im ewigen Leben beständig besitzen und die Frucht seines guten Lebenswandels unveränderlich bei ihm bleiben.

Auf dieselbe Weise versuchte er die Verse 46 und 47, das Gleichniss des Kaufmanns, welcher kostbare Perlen suchte, und welcher, Eine herrliche Perle findend, alle seine Güter dahin gab, um sie zu erwerben, zu erläutern [11]).

Die Homilie wird beendet mit Auslegung der Verse 47—49, welche von dem ausgeworfenen Netze handeln.

Cap. XIII.
IV. Briefe.

Der scharfsinnige Satz jenes berühmten Franzosen: „le style c'est l'homme" hat am meisten Bezug auf Briefe. Denn während bei andern Darstellungen und schriftstellerischen Erzeugnissen die Materie den

---
[9]) p. 317.
[10]) i. e. peccata sua.
[11]) p. 318 ff.

Schriftsteller gleichsam nöthigt in ihr aufzugehen und grösstentheils nur aus der Kunst der Verbindung auf die Talente desselben geschlossen werden kann, gibt sich beim Briefstyl der Mann mehr wie er wirklich ist und die Subjektivität tritt bestimmter hervor. Dieser Umstand, für das gewöhnliche Leben Aufschlüsse gewährend, ist auch für den Geschichtsschreiber von ausserordentlicher Wichtigkeit.

Die übrigen Schriften, mit deren Beihilfe eine Geschichtsdarstellung nur möglich ist, sind Chroniken und Urkunden[1]).

Die Chroniken schildern die Ereignisse gleichsam im Augenblick ihrer Gestaltung, was für den Geschichtsschreiber den Nachtheil mit sich bringt, nicht die Ursachen zu erkennen, sondern erst aus den Wirkungen auf die Ursachen, aus den Folgen auf ihre Gründe schliessen zu müssen.

Die Urkunden, welche schon erläuternder sind wie die Chroniken[2]), geben uns nur eine Einsicht in etwas auf dem Rechtsgebiete festgestelltes Abgeschlossenes.

Beide Schriftstücke werden durch Briefe der handelnden und leidenden Personen ergänzt. Aus ihnen kann eine helle und bestimmte Einsicht geschöpft werden, wie die bewegenden Elemente jener Ereignisse dachten und fühlten, wie die Thatsachen vorbereitet wurden.

Deshalb ist es sehr wichtig, dass von Kaiser Karl IV. Briefe übrig sind, und insbesondere auch solche, welche nicht allein Rechts-, sondern auch Personen-Verhältnisse erläutern.

Da der grösste Theil dieser Briefe sich in den sogenannten Formelbüchern befindet, ist es nothwendig, dass über diese durchaus nicht zu vernachlässigende Quelle zur Geschichte des Mittelalters an diesem Orte Einiges gesagt werde.

Schon von sehr früher Zeit an wurden die Aus-

---

1) Jacobi, cod. ep. Johannis regis Bohemiae. Berl. 1841. 4. Vorr.
2) Am besten erläutert ist der Begriff der Urkunden bei Mabillon de re diplom.

sprüche und Befehle der Herrscher durch ihre unmittelbaren Rathgeber gesammelt, und das bisher gültige Naturrecht ging allmälig, nachdem die Verhältnisse verwickelter geworden waren durch die dichtere Bevölkerung, in ein Wortrecht, um mich so auszudrücken, über. Da die rechtsverbindlichen Aussprüche der Herzöge und Könige zahlreicher wurden, ordneten sich die Kanzler und obersten Staatsbeamten dieselben nach den Materien. Im Anfange schrieb man diese Bestimmungen ganz vollständig auf und legte sie im Archiv nieder, um bei ähnlichen Fällen darauf zurückkommen zu können, kürzte aber später die vollständigen Urkunden, denn für diese Aussprüche und Entscheidungen stellte sich nun diese bestimmte Form fest, ab, die Namen und Tage weglassend, wobei vielfach Zusammenziehungen bis auf die eigentliche Quintessenz des Erlasses beliebt wurden. Solche abgekürzte und verstümmelte Erlasse nannte man Formen oder Formeln. Derartige Sammlungen besitzen wir bereits aus dem 7. Jahrh.[3]). Häufiger jedoch finden sie sich seit der Mitte des 13. Jahrh.[4]) in Archiven und Bibliotheken. Peter von Vinea, Kanzler Kaiser Friedrich's II., legte auch eine solche Sammlung an, die zu den berühmtesten derartigen Sammlungen gehört, welche auf uns gekommen sind, und von der sehr viele Handschriften grösseren oder geringeren Werthes vorhanden sind[5]). Dank den Abschreibern sind diese Handschriften ungemein verstümmelt und vieles auf des Petrus von Vinea Rechnung gebracht worden, was sicherlich von ihm selbst nicht aufgenommen war. Doch sind bei diesen Sammlungen noch eine grosse Menge ziemlich brauchbarer Urkunden dem Untergange entgangen. Selbst wenn auch bei vielen dieser Briefe Namen und Jahreszahlen weggelassen wurden, so kann der in die

---

[3]) Marculfi monachi formularum libri duo sollen aus dem 7. Jahrhundert herstammen.
[4]) Cancellarii in Regum Franciae Palatiis scribendi munus obiere et eorum chartas ac praecepta descripsere. vgl. Gloss. etc. II. p. 97. Zur Zeit Kaiser Friedrich's II. war der Kanzler zu gleicher Zeit geheimer Rath des Fürsten.
[5]) Pertz, Archiv V. 353—447. VII. 890—960. Auch in der Milich'schen Bibliothek in Görlitz findet sich eine (sechsclassige) Handschrift der Briefe des Petrus de Vinea.

Geschichte jener Zeit Eingeweihte aus vielen Merkmalen die betreffenden Personen erkennen, mindestens daraus ahnen.

Ebenso verhält es sich mit den **Formelbüchern** des 14. Jahrh. Es sind verschiedene Sammlungen von Briefen aus diesem Jahrhundert vorhanden und **Franz Palacky** gebührt der Ruhm, dieses Feld der historischen Forschung am Gründlichsten angebaut zu haben[6]).

Diese Sammlungen kommen in Bibliotheken und Archiven unter folgenden Namen vorzugsweise vor: „Codex epistolaris[7]), formularis dictaminum sive epistolarum, collectuarius formarum[8]), summa dictaminum sive cancellariae[9]), cancellaria, ratio styli epistolaris antiqui[10]), liber a missionibus regum."

Nach Palacky werden diese Briefformeln am besten in **vier** Klassen eingetheilt:

1) enthält fast nichts als **Anfänge** mit schönen Floskeln verziert, bei denen Personen und Zahlen ausgelassen sind, welche die Ueberschrift: „arenga" und am Schlusse die Buchstaben „etc" (et cetera) zeigen;

2) ist von grösserer Wichtigkeit, wie **Hofmann** richtig bemerkt, für den Juristen als den Historiker. In dieser Klasse sind die Urkunden **ganz** abgeschrieben worden, obwohl Namen und Zahlen wie in der ersten Klasse fehlen. An ihrer Stelle befinden sich die Buchstaben t. (talis), de t. l. (de tali loco) oder es stehen nur Punkte da (......), oder endlich, es ist irgend ein allgemei-

---

6) Ueber Formelbücher überhaupt und die böhmischen insbesondere von Fr. Palacky. Prag 1842. Auch in den „Abhandlungen der K. Böhm. Gesellschaft der W. W." 5. Folge. II. Bd. S. 219 ff.

7) Cod. epist. Primislai Ottocari Bohemiae regis, auctore M. Henrico de Isernia (ed. Dollinger. Wien 1803. 4.), cod. ep. Kunigundae reginae auct. M. Bohuslaw (Palacky a. a. O.), cod. ep. Johannis regis Bohem. ed. Jacobi etc.

8) Collectuarius perpetuarum formarum Johannis de Geylnhusen II.

9) Summa cancellariae Caroli IV. s. Pelzel. Karl IV. I. Vorr. 9.

10) Cod. epp. Caroli IV. Gorlicensis.

ner Buchstabe für den eigenen hingesetzt (nos a. b. c. d. etc. Wir N. N.)

Die dritte Klasse ist für den Geschichtsschreiber bedeutend wichtiger. Hier ist in den Briefen der wirkliche Anfangsbuchstabe des Namens der betreffenden Person, zugleich mit dem mehr oder weniger genauen Titel derselben angegeben. Man könnte sich das damit erklären, der Schreiber sei durch zu grosse Flüchtigkeit von Befolgung seines bestimmten Princips, die Personalandeutungen wegzulassen, abgegangen.

Die vierte Klasse endlich bringt die vollständigen Namen und Titel, und sind auch die Zahlen weggelassen, so sind dieselben von dem mit jener Periode vertrauten Kenner leicht zu ergänzen.

Fast in allen Formelbüchern aus Karl's IV. Zeit haben wir sämmtliche angegebenen Abtheilungen repräsentirt gefunden, glücklicherweise von Karl IV. selbst viele aus der Vierten. Nach diesen Vorbemerkungen wollen wir eine Zusammenstellung jener Handschriften und Ausgaben entwerfen, die wir bei unsern Nachforschungen haben auffinden können. Bei den gedruckten haben wir zu gleicher Zeit zur Seite gestellt die Zahl der Karl IV. anbetreffenden Formeln.

Cap. XIV.

Handschriften und Ausgaben von Formelbüchern, welche Briefe von Karl IV. enthalten.

Achtzehn Handschriften von Formelbüchern, welche hierher gehören, können wir aufzählen:
1) Liber formularis praefecturae Osecensis in Bohemia. Cod. sec. XIV. 126 Bl.
   (Palacky. Formelb. p. 138.)
2) Codex epistolaris sec. XIV. (früher Formularius diversorum dictaminum überschrieben). — Cod. chart. sec. XIV. aus der zweiten Hälfte. Im Stifte Wilhering (Palacky. ibid. S. 247.)
3) Formelbuch im fürstl. Schwarzenbergischen Archiv zu Wittingau. Cod. msc. sign. C. no. 1.

(früher No. 55) Papierhdsch. kl. 4. 102. Bl. sec. XIV. (Palacky. II. p. 255.)

4) Cod. msc. sign. C. no. 2. (früher No. 22) Papierhdsch. kl. 4. 236 Bl. 2. Hälfte des 14. Jahrh. (Palacky. II. p. 258.)

5) Copiarium coaevum. C. Msc. Clement. bibl. Y. l. 3. 72. Das erste Blatt ist zerrissen und auf der letzten Seite steht: Explicit summa per manus Gherardi. (Pelzel, Karl IV. Vorr. 5.)

6) Copiarium dipl. chart. Mellicense in 4. Caroli IV. epistolae cod. sec. XV. (Pelzel a. a. O. Nr. 6. Pertz, Archiv, VI. p. 193.)

7) „Summa cancellariae Caroli IV." Bibliothek der prager Kathedrale. Cod. perg. fol. Ausgang sec. XIV. u. Anfang sec. XV. — 229 Formeln und Briefe. Am Ende des 238. Briefes stehen die Worte: „Explicit summa cancellariae 1384. fer. IV. in vigilia Scti Procopii Abbatis et Confessoris." (Pelzel, a. a. O. Nr. 9.)

8) Cod. epist. Johannis regis Bohemiae. Cod. chart. sec. XIV. fol. im Provinzialarchiv zu Breslau.

9) Registrum Registrandorum Caroli IV. Darinnen kayserliche Privilegia, lehen-brieue vnd andere vil hendell, lateinisch und deutsch registriret seyn. 1360. 1361. Datum Prage. Cod. chart. sec. XIV. Es sind hier nur drei Formeln darin, die übrigen Briefe gehören im Allgemeinen zur Gattung der formmässigen Urkunden. (cf. Glafey.)

10) „Ratio styli antiqui." Cod. chart. sec. XV. (c. 1420) in der Milich'schen Bibliothek zu Görlitz Var. Misc. Nr. 122. „Psalterium" überschrieben. (vgl. unten N. L. Magazin.)

11) „Caroli IV. epp. volumen." Papierhdsch. 1273a. Leipz. Universitätsbibliothek. (cf. Mencken SS. tom. III.)

12) „Summa cancellariae Caroli IV. imp." Papierhdsch. 4. 1413. (Helmst. 441) jetzt in Wolfenbüttel. (Pertz, Archiv VI. 31.)

13) „Literae Caroli IV." Cod. Paris. 4687. p. 2. sec. XVI. (Pertz, Archiv I. 298.)

14) „Cancellaria Caroli IV." Cod. Vatican. Nr. 3995. Papierhdsch. in fol. sec. XV. überschrieben:

„Jodoco marchioni et domino felicis terre Moravie", verfasst von Johann (früher Conrad genannt) Reichmut de Geilnhusen, Maguntine diocesis juxta domini bene placitum scriba Bunn. (Pertz, Archiv V. 450.)
15) Collectuarius perpetuarum formarum Johannis de Geylnhusen etc. sec. XV. (vgl. Hoffmann.) Wir sind nicht im Stande anzugeben, ob Nr. 14 und 15 verschiedenen Inhalts, von verschiedenem Verfasser sind.
16) „Literae Caroli IV." (Schannat, vindemiae literariae). Schannat nennt nicht die Hdsch., aus der sie entnommen sind.
17) „Investitura et privilegia marchionatus Montisferrati per Karolum IV. a. 1364. C. Paris. 19. 20. (Pertz, Archiv VIII. 301.)
18) Formelbuch des prager Domcapitels Nr. 9. Epistolae variae et singulares.

Von diesen hier aufgezählten Handschriften und Briefen sind bis jetzt gedruckt bei:
1) Maderus, Gervasii Tilberiensis etc. Helmstadii 1673. Hier finden sich 23 Formeln von Karl IV. (cf. cod. Nr. 12*)).
2) Schannat, vindemiae literariae, collectio II. fol. Lips. 1724. (24 Briefe Karl's IV. enthaltend.)
3) Mencken, scriptores rerum Germanicarum praecip. Saxonicarum tom. III. p. 2009 sqq. (Diplomatarium Caroli IV.) Lpz. 1730. fol. (38 Briefe aus der Zeit Karl's IV.)
4) Glafey, Diplomatarium Caroli IV. p. 1—632. Dresd. u. Lpz. 1735. Unter 507 Briefen nur drei Formeln.
5) Hoffmann, Sammlung ungedruckter Urkunden II. 1—292. (Nr. 15. Cod.) Halle a. d. S. 1773.
6) Pelzel, Kaiser Karl IV. Prag 1780. 2 Thle. In dem angehängten Urkundenbuche befinden sich 38 Formeln von Karl IV.
7) Jacobi, codex epistolaris Johannis regis Bohemiae. Berlin 1841. 38 Formeln und Briefe,

---

*) Die hier angezogenen Nummern beziehen sich auf die Reihenfolge der kurz vorstehend angegebenen Handschriften.

welche sich auf Karl IV. und seine Gemahlin beziehen.

8) Palacky, Ueber Formelbücher u. s. w. Prag 1842. II. Lieferung, wie die erste, zuerst in den Abhandlungen der königl. böhm. Gesellsch. der W. W. 1848 nur 6 Formeln, welche Karl IV. an der Spitze tragen.

9) Neumann, Beschreibung des görlitzer Formelbuches. N. L. Magaz. 1846. Beigegeben sind 37 erlesene Briefe. S. 147—200.

Cap. XV.

Inhalt der Formeln und Briefe.

In diesen neun Brief- und Formelsammlungen über Kaiser Karl IV. und seine Zeit haben wir siebenhundertvierundfunfzig aufgezählt, welche sich auf Karl IV. und seine Hofhaltung beziehen. Doch ist diese Zahl nicht ganz genau. Von jenen ersten acht Sammlungen kommen nämlich bei genauer Vergleichung sowohl unter sich, als mit der görlitzer Handschrift 66 überein, die sich zwei- oder dreimal vorfinden, so dass nur 688 bleiben. Unter diesen sind nun noch Briefe, welche nur von Zeitgenossen Karl's IV. geschrieben sind, wie z. B. einige von Blanca, der ersten Gemahlin Karl's als Markgrafen von Mähren[1], den Päpsten Clemens[2] und Innocenz[3], dem Kanzler des Kaisers[4], Wenzel, dem ersten Sohne Karl's IV.[5], und von anderen. Jedoch ist bei weitem der grössten Zahl Karl's Name an der Spitze der Briefe, die wenige böhmische und deutsche ausgenommen, in dem Latein des 14. Jahrh. geschrieben

---

1) Jacobi a. a. O. 14. 18. 42. 43. 48. 69. 83. 85. 101 u. s. w. Palacky a. a. O. Nr. 152—154.

2) Mencken a. a. O. Nr. 23. p. 2028.

3) Mencken Nr. 35. (Mader. II. Nr. 2. Cod. Gorl. Nr. 23.)

4) Cod. Gorl. (II.) Nr. 1. 2. 3. 4. 5. 6. 7. 8. 10. 11. 12. 13. 13b. 17. 18. etc.

5) Cod. Gorl. 21. (Pelzel, Urkundenbuch z. Karl IV. Nr. 279. p. 303.)

sind. Unter ihnen findet sich eine Menge vor, von denen man wenigstens annehmen kann, dass sie in ihrer ersten Gestalt von Karl IV. selbst geschrieben, oder seinem Kanzler in die Feder diktirt sind, da ihr Styl und die besondere Ausdrucksweise an die Selbstbiographie erinnert. Es dürfte natürlich ungemein schwer sein, nachzuweisen, bei welchen derselben Karl IV. oder sein Kanzler ihre Hand mehr im Spiele gehabt haben, nur das genaueste Styl-Studium Karl's könnte annähernde Ergebnisse liefern. Sie beziehen sich meistens auf Rechtsfragen und enthalten Bestätigungen, Schenkungen, Steuerbefreiungen, Verbote, Zugeständnisse, Vollmachtsschreiben u. s. w.

Unzweifelhaft sind jedoch die mehr persönlichen Schreiben alle aus Karl's IV. Feder geflossen.

Hierhin rechnen wir die Briefe an die Fürsten, Kardinäle, römischen Päpste, das kaiserliche Haus nicht weniger als die Schreiben an die Gelehrten, insbesondere in Bezug auf die Schöpfung Karl's IV., die Universität Prag.

Wenn Karl IV. diese Briefe nicht selbst schrieb, so sind sie unbedingt von ihm diktirt, was sich betreffs der Originalität gleich bleibt und gewähren also einen tiefen Blick in seine Schreibweise und seine gemüthliche Auffassung der persönlichen Beziehungen.

Hier wollen wir nun zum Schluss unserer Betrachtung über die literärische Thätigkeit des grössten czechischen Fürsten, kurz, den Inhalt dieser Briefe angeben.

Mehrere enthalten die Meldung der Geburt seines ersten Sohnes Wenzel[6], zu dessen Taufe er einen Pathen einladet[7], einer erwähnt die Vermählung eines nicht genannten Königs[8], ein fünfter spricht sich über den Stand seiner Gesundheit[9], ein sechster

---

[6] Joh. v. Geylnhusen. 301. 302. (Schannat vind. liter. coll. II. Nr. 39. p. 133.) 304; Cod. Gorl. 138. 140. (Pelzel Nr. 246.) 142. (Pelzel Nr. 245.) 143.
[7] Cod. Gorl. Nr. 141.
[8] Joh. v. Geylnhusen. 303.
[9] Cod. Gorl. 133. 134. 135. 136.

über die damalige Lage der Dinge aus [10]), andere
geben Zeugniss über die Beziehungen des Kaisers zu
Fürsten, Kardinälen, Päpsten [11]).

Die übrigen Schreiben sind an Gelehrte gerichtet und geben Zeugniss, dass der kaiserliche Autor
auch unter den Sorgen des Regimentes den Lieblingsneigungen seiner Jugend nicht völlig entsagt hatte. Es
finden sich mehrere Briefe mit Einladungen an Gelehrte vor, das Hoflager zu besuchen [12]), einige Schreiben, welche voller Lobesspenden, andere, welche
Begleiter von Geschenken sind [13]).

---

10) Excusat se erga reginam Ungarie quod hac via non possit eam visitare (C. Gorl. 161). Item demandat fratri suo qualiter variis impeditus sibi non possit respondere (C. Gorl. 182); Imp. significat papae qualiter vicarius suus Mediolanensis vult stare ordinacioni suae (Mader II. Nr. 14); Regine ut informetur de letis successibus (Joh. v. Geylnhusen Nr. 264); Cesar Romanus scribit imperatori Grecorum qualiter sit promotus pro leticia et qualiter subjugaverit rebelles Italine (Joh. v. Geylnhusen 176. Schannat Nr. 30. p. 130). Karl IV. klagt dem Könige (von Ungarn) den Verrath, den Conrad von Aufensteyn an ihm durch Gefangennehmung seiner Getreuen begangen c. 1354. Palacky u. a. O. 1848. S. 22.

11) Commendatitia ad Clementem papam (Mencken. II. 13. p. 2017). Imperator scribit marchioni compaciendo sibi etc. (Cod. Gorl. Nr. 9). Regi Armoriensi compaciendo sibi super afflicciouibus suis (C. Gorl. 202). Imp. rogat regem ut promoveat nuoccium sui fratris (C. Gorl. 188). Regine Sicilie de prosperis successibus ipsius regine (J. de Geylnhusen Nr. 225). Imp. scribit ducibus paganis pro fide et baptismato accipiendo (J. de Geylnhusen Nr. 178); I. scribit regi (?) Russie ut fidem christianam accipiat (J. de Geylnhusen 175); I. scribit Clumazensi novo cardinali (C. Gorl. 14.); I. scribit pro quodam qui in Italia aliquamdiu morari desiderat (C. Gorl. 180. J. de Geylnhusen 220). Item scribit cuidam duci ut filiam suam alteri duci copulet (C. Gorl. 184). — Karl IV. an einen ital. Fürsten, Palacky 1848. S. 22. — Karl IV. cuidam principi de bello Ludovici Reg. Hung. cum Venetis scribit. 1372. ex. ibid. S. 26. — Karl IV. cuidam principi consanguineo suo, ibid. S. 27. — Karl IV. collegio cardinalium de schismate, ibid. S. 27. — Karl IV. Henrico de Lypa de feodis, quae in Moravia tenet Johanni Mor. marchioni homagium facere jubet c. 1364. S. 23.

12) Imp. scribit Francisco Petrarcae ut ad eundem veniat (J. de Geylnhusen 223. Pelzel 322. Cod. Gorl. 15); Imp. hortatur quendam ut veniat ad curiam celebrandam (C. Gorl. 157).

13) Item commendat magistros studii Prag et promittit eis benefacere (J. de Geylnhusen 218. Pelzel 329. Cod. Gorl. 178).

In allen diesen Briefen tritt, ungeachtet alles Strebens leutselig und zuvorkommend zu schreiben, immer das Bewusstsein der kaiserlichen Würde mit in den Vordergrund. Doch wusste Karl IV. auch zu scherzen, wie der Brief beweisst, in welchem er einen zum „Narrengrafen" ernennt [14]). Freilich können wir hier nicht so zuverlässig wie bei den vorhergehenden behaupten, dass der Brief von Karl IV. geschrieben sei. Zuweilen erlaubten sich die Abschreiber auch solche Scherze mit auf Kosten namhafter Persönlichkeiten in die Brief- und Formelsammlungen einzuschieben.

Vorstehende Abhandlung ist die deutsche Bearbeitung einer Promotionsschrift: „De imperatore Carolo IV. scriptore", welche ich im Jahre 1846 bei der philosoph. Facultät der Universität zu Berlin einreichte. Ich liess damals nur zum Behufe der Promotion den 1. Theil: „De vita Caroli IV. imperatoris ab ipso Carolo conscripta" drucken, und habe nun mit den nothwendigen späteren Studien entnommenen Ergänzungen die ganze Bearbeitung hier mitgetheilt, welche, wie ich mir schmeichle, wenigstens eine übersichtliche Zusammenstellung des an den verschiedensten Orten zerstreuten Materials gewährt und bis jetzt noch nicht versucht worden ist. Schliesslich erlaube ich mir über die oben angeführte Dissertation einige Bemerkungen des Herrn Oberbibliothekar Dr. Friedrich Böhmer in Frankfurt am Main anzuführen, welche ich bei der deutschen Bearbeitung benutzt habe.

„Dass die vita Caroli aus einem Tagebuch hervorgegangen sei, bezweifle ich deshalb, weil sonst genauere chronologische Bestimmungen darin enthalten sein dürften. Die Gränze der Abfassung, welche Sie mit dem Tode des Beness ziehen, erkenne ich vollkommen an, und überhaupt gefällt mir alles sehr

---

Rogat capitulum pro magistris theologie veuientibus Pragam (J. de Geylnhusen 214). Item laudat doctorem juris qui dimisit lecturam decretalis et legit decretum (C. Gorl. 179. J. de Geylnhusen 219. Pelzel 325).
14) Imp. facit quemdam Comitem fatuum (Cod. Gorl. Nr. 19. vgl. N. Laus. Magaz. 1846. p. 163).

wohl, was Sie über das Verhältniss der vita zum Beness sagen. Ist es aber so gewiss, dass die Vorrede überhaupt nur an die beiden Söhne gerichtet ist? Die eine Handschrift liest Secuturis in thronis meis, und am Ende heisst secundis (nicht duobus) auch nichts anders. Dass auf zwei Thronen ihm zwei Söhne folgen würden, hätte Karl nur dann sagen können, wenn er etwa den böhmischen dem Sigmund hätte lassen können, nachdem Wenzel zur Nachfolge im römischen erwählt war. Bei einem flüchtigen Ueberlesen der ersten Capitel schien es mir doch, als habe Karl das Werk nur seinen Regierungsnachfolgern gewidmet, wenn auch in der Unterstellung, dass diese seines Geschlechts sein würden. Hiermit wäre denn auch die Möglichkeit gegeben, dass das Werk schon in sehr frühen Zeiten entstanden sein könnte. Die Predigt ist doch wohl sicher von 1338 und also viel früher als die Vita und deren Dedication. Was Sie S. 12 von fortschreitender Ausbildung des Styls sagen, mag von solchen gelten, die aus dem Schriftstellern ein Geschäft machen, besonders von Neueren, auf den Kaiser hat mir das keine Anwendung. Ueberhaupt finde ich die Dedication (ein Paar Stellen verdächtiger Leseart abgerechnet) gar nicht so dunkel, wohl aber geschrieben im symbolisirenden Geiste der damaligen, der mittelalterlichen, der katholischen Theologie.

Dass unter der Cronica Boemorum eher die ersten Bücher des Beness verstanden worden, als Peter von Zittau, lasse ich mir gefallen, obwohl Karl bei einem Dritten leicht einen Tadel als begründet anerkennen konnte, den er selbst aus Pietät unterdrückte.

An Martinus Polonus dachte ich, weil dieser damals der bekannteste Schriftsteller über allgemeine Reichsgeschichte war und mehrfach fortgesetzt wurde. Ich kann mir nicht recht denken, dass von jener Zeit her ein bekannter gewesenes Hauptwerk sollte zu Grunde gegangen sein, obgleich ich einen solchen Verlust gerade in Bezug auf die Vita zugestehen muss. Hierbei lassen sich aber auch eher besondere Verhältnisse denken. Neue Handschriften geben vielleicht neues Licht." Dr. Neumann.